Kagekunst

Forførende Opskrifter til Livets Sødeste Stunder

Lise Andersen

INDHOLDSFORTEGNELSE

Bondegårds dryppende kage 12

Amerikansk honningkage med citronsauce 13

Kaffe honningkager 15

Ingefær flødekage 16

Liverpool Ginger Cake 17

Havregryn honningkager 18

Sticky honningkager 20

Fuldkorns honningkager 21

Honning og mandel kage 22

Citron-is kage 23

Iced Tea Ring 24

Lardy kage 26

Kommefrø Lardy kage 27

Marmor kage 28

Lincolnshire lagkage 29

Brødkage 30

Marmelade kage 31

Valmuefrø kage 32

Almindelig yoghurtkage 33

Svesker og cremekage 34

Hindbærrippelkage med chokoladeglasur 36

Sandkage 37

Frøkage 38

Krydret ringkage 39

- Krydret lagkage 40
- Sukker og kanel kage 41
- Victoriansk tekage 42
- Alt-i-én frugtkage 43
- Alt-i-én pandekage 44
- Australsk frugtkage 45
- Amerikansk rigkage 46
- Carob frugtkage 48
- Kaffe frugtkage 49
- Cornish Heavy Cake 51
- Ribs kage 52
- Mørk frugtkage 53
- Klip-og-kom-igen kage 55
- Dundee kage 56
- Ægfri frugtkage natten over 57
- Idiotsikker frugtkage 58
- Ingefær frugtkage 60
- Farmhouse Honning Frugtkage 61
- Genua kage 62
- Glacé Frugtkage 64
- Guinness frugtkage 65
- Hakket kage 66
- Havre og Abrikos Frugtkage 67
- Frugtkage natten over 68
- Rosin og krydderkage 69
- Richmond kage 70
- Safran Frugtkage 71

Sodafrugtkage 72

Hurtig frugtkage 73

Varm te frugtkage 74

Kold te frugtkage 75

Sukkerfri frugtkage 76

Små frugtkager 77

Eddike frugtkage 78

Virginia Whisky kage 79

walisisk frugtkage 80

Hvid frugtkage 81

Æblekage 82

Sprødtoppet krydret æblekage 83

Amerikansk æblekage 84

Æblepuré kage 85

Cider æblekage 86

Æble- og kanelkage 87

Spansk æblekage 88

Æble og Sultana kage 90

Æble kage på hovedet 91

Abrikosbrødskage 92

Abrikos og ingefær kage 93

Bedugget abrikoskage 94

Banan kage 95

Banankage med sprød top 96

Banansvamp 97

Fiberrig banankage 98

Banan og citron kage 99

Blender Banan Chokoladekage 100

Banan- og jordnøddekage 101

Alt-i-én Banan- og Rosinkage 102

Banan og whisky kage 103

Blåbær kage 104

Kirsebær brostenskage 105

Kirsebær og kokos kage 106

Kirsebær og Sultana kage 107

Iced kirsebær og valnødde kage 108

Damson kage 109

Daddel og valnøddekage 110

Citronkage 111

Appelsin og mandelkage 112

Havrebrødskage 113

Sharp Frosted Mandarin kage 114

Orange kage 115

Fersken kage 116

Appelsin og Marsala kage 117

Fersken og pære kage 118

Fugtig ananas kage 119

Ananas og kirsebær kage 120

Natal ananas kage 121

Ananas på hovedet 122

Ananas og valnødde kage 123

Hindbær kage 124

Rabarber kage 125

Rabarber-honning kage 126

Rødbedekage 127

Gulerods- og banankage 128

Gulerod og æblekage 129

Gulerods- og kanelkage 130

Gulerods- og courgettekage 131

Gulerod og ingefær kage 132

Gulerods- og nøddekage 133

Gulerods-, appelsin- og nøddekage 134

Gulerod, ananas og kokos kage 135

Gulerod og pistacie kage 136

Gulerods- og valnøddekage 137

Krydret gulerodskage 138

Gulerod og brunt sukker kage 140

Courgette og Marvkage 141

Courgette og appelsinkage 142

Krydret courgettekage 143

Græskar kage 145

Frugt græskar kage 146

Krydret græskarrulle 147

Rabarber og honningkage 149

Sød kartoffel kage 150

Italiensk mandelkage 152

Mandel og Kaffe Torte 153

Mandel- og honningkage 154

Mandel- og citronkage 155

Mandelkage med appelsin 156

Rig mandelkage 157

Svensk makronkage 158

Kokosbrød 159

Kokos kage 160

Gylden kokosnøddekage 161

Kokos lagkage 162

Kokos- og citronkage 163

Kokos nytårskage 164

Kokos og Sultana kage 165

Crunchy-toppet nøddekage 166

Blandet nøddekage 167

Græsk nøddekage 168

Iced valnødde kage 169

Valnøddekage med chokoladecreme 170

Valnøddekage med honning og kanel 171

Mandel- og honningbarer 172

Æble- og solbærsmuldrestænger 174

Abrikos- og havregrynsbarer 175

Abrikos crunchies 176

Nøddeagtige bananstænger 177

Amerikanske Brownies 178

Chokolade Fudge Brownies 179

Valnød og chokolade brownies 180

Smørstænger 181

Cherry Toffee Traybage 182

Chocolate Chip Traybage 183

Kanel Crumble Layer 184

Klædte kanelstænger 185

Kokosbarer 186

Sandwichbarer med kokos og syltetøj 187

Daddel- og æblebakke 188

Dadelskiver 189

Bedstemors daddelbarer 190

Daddel- og havregrynsbarer 191

Daddel- og valnøddestænger 192

Figenstænger 193

Flapjacks 194

Cherry Flapjacks 195

Chokolade Flapjacks 196

Frugt Flapjacks 197

Frugt- og nøddeflapjacks 198

Ginger Flapjacks 199

Nutty Flapjacks 200

Skarpe citronsmørkager 201

Mokka og kokosnøddefirkanter 202

Hej Dolly Cookies 204

Kokosbarer med nødder og chokolade 205

Nøddeagtige firkanter 206

Appelsin Pecan Skiver 207

Parkin 208

Peanut Butter Bars 209

Picnic skiver 210

Ananas og kokos barer 211

Blommegærkage 212

Amerikanske græskarstænger 214

Kvæde og mandelbarer 215

Rosin barer 217

Hindbærhavrefirkanter 218

Bondegårds dryppende kage

Gør en 18 cm/7 i kage

225 g/8 oz/11/3 kopper tørret blandet frugt (frugtkageblanding)

75 g/3 oz/1/3 kop oksekød dryp (afkortning)

150 g/5 oz/2/3 kop blødt brun farin

250 ml/8 fl oz/1 kop vand

225 g/8 oz/2 kopper fuldkornsmel (fuldhvede).

5 ml/1 tsk bagepulver

2,5 ml/½ tsk bikarbonatsodavand (bagepulver)

5 ml/1 tsk stødt kanel

En knivspids revet muskatnød

En knivspids malet nelliker

Bring frugt, dryp, sukker og vand i kog i en tykbundet gryde og lad det simre i 10 minutter. Lad afkøle. Bland de resterende ingredienser i en skål, hæld derefter den smeltede blanding i og blend det forsigtigt sammen. Hæld i en smurt og beklædt 18 cm/7 kageform (pande) og bag i en forvarmet ovn ved 180°C/350°F/gasmærke 4 i 1½ time, indtil den er godt hævet og krymper væk fra siderne af formen.

Amerikansk honningkage med citronsauce

Gør en 20 cm/8 i kage

225 g/8 oz/1 kop caster (superfint) sukker

50 g/2 oz/¼ kop smør eller margarine, smeltet

30 ml/2 spsk sort sirup (melasse)

2 æggehvider, let pisket

225 g/8 oz/2 kopper almindeligt (all-purpose) mel

5 ml/1 tsk bicarbonat sodavand (bagepulver)

5 ml/1 tsk stødt kanel

2,5 ml/½ tsk stødt nelliker

1,5 ml/¼ tsk malet ingefær

En knivspids salt

250 ml/8 fl oz/1 kop kærnemælk

Til saucen:

100 g/4 oz/½ kop caster (superfint) sukker

30 ml/2 spsk majsmel (majsstivelse)

En knivspids salt

En knivspids revet muskatnød

250 ml/8 fl oz/1 kop kogende vand

15 g/½ oz/1 spsk smør eller margarine

30 ml/2 spsk citronsaft

2,5 ml/½ tsk fintrevet citronskal

Bland sukker, smør eller margarine og sirup sammen. Rør æggehviderne i. Bland mel, bikarbonat af sodavand, krydderier og salt sammen. Rør melblandingen og kærnemælken skiftevis i smør- og sukkerblandingen, indtil det er godt blandet. Hæld i en smurt og meldrysset 20 cm/8 kageform og bag i en forvarmet ovn ved 200°C/400°F/gasmærke 6 i 35 minutter, indtil et spyd, der stikkes i midten, kommer rent ud. Lad den køle af i formen i 5 minutter, inden den vendes ud på en rist for at afslutte afkølingen. Kagen kan serveres kold eller lun.

For at lave saucen, bland sukker, majsmel, salt, muskatnød og vand i en lille gryde ved svag varme og rør, indtil det er godt blandet. Lad det simre under omrøring, indtil blandingen er tyk og klar. Rør smør eller margarine og citronsaft og skal i og kog indtil det er blandet. Hæld honningkagerne over til servering.

Kaffe honningkager

Gør en 20 cm/8 i kage

200 g/7 oz/1¾ kopper selvhævende (selvhævende) mel

10 ml/2 tsk malet ingefær

10 ml/2 tsk instant kaffe granulat

100 ml/4 fl oz/½ kop varmt vand

100 g/4 oz/½ kop smør eller margarine

75 g/3 oz/¼ kop gylden (lys majs) sirup

50 g/2 oz/¼ kop blødt brun farin

2 æg, pisket

Bland mel og ingefær sammen. Opløs kaffen i det varme vand. Smelt margarine, sirup og sukker sammen, og bland det derefter i de tørre ingredienser. Bland kaffe og æg i. Hæld i en smurt og foret 20 cm/8 kageform (pande) og bag i en forvarmet ovn ved 180°C/350°F/gasmærke 4 i 40-45 minutter, indtil den er godt hævet og fjedrende at røre ved.

Ingefær flødekage

Gør en 20 cm/8 i kage

175 g/6 oz/¾ kop smør eller margarine, blødgjort

150 g/5 oz/2/3 kop blødt brun farin

3 æg, let pisket

175 g/6 oz/1½ kopper selvhævende (selvhævende) mel

15 ml/1 spsk malet ingefær Til fyldet:

150 ml/¼ pt/2/3 kop dobbelt (tung) creme

15 ml/1 spsk flormelis (konditorsukker), sigtet

5 ml/1 tsk malet ingefær

Pisk smør eller margarine og sukker sammen til det er lyst og luftigt. Tilsæt gradvist æggene, derefter mel og ingefær og bland det godt sammen. Hæld i to smurte og forede 20 cm/8 i sandwichforme (pander) og bag dem i en forvarmet ovn ved 180°C/350°F/gasmærke 4 i 25 minutter, indtil de er hævede og fjedrende at røre ved. Lad afkøle.

Pisk fløden med sukker og ingefær til den er stiv, og brug den derefter til at lægge kagerne sammen.

Liverpool Ginger Cake

Gør en 20 cm/8 i kage

100 g/4 oz/½ kop smør eller margarine

100 g/4 oz/½ kop demerara sukker

30 ml/2 spsk gylden (lys majs) sirup

225 g/8 oz/2 kopper almindeligt (all-purpose) mel

2,5 ml/½ tsk bikarbonatsodavand (bagepulver)

10 ml/2 tsk malet ingefær

2 æg, pisket

225 g/8 oz/11/3 kopper sultanas (gyldne rosiner)

50 g/2 oz/½ kop krystalliseret (kandiseret) ingefær, hakket

Smelt smør eller margarine med sukker og sirup ved svag varme. Tag det af varmen og rør de tørre ingredienser og æg i og rør det godt sammen. Rør sultanas og ingefær i. Hæld i en smurt og beklædt 20 cm/8 firkantet kageform og bag i en forvarmet ovn ved 150°C/300°F/gasmærke 3 i 1½ time, indtil den er elastisk at røre ved. Kagen kan synke lidt i midten. Lad det køle af i formen.

Havregryn honningkager

Gør en 35 x 23 cm/14 x 9 i kage

225 g/8 oz/2 kopper fuldkornsmel (fuldhvede).

75 g/3 oz/¾ kop havregryn

5 ml/1 tsk bicarbonat sodavand (bagepulver)

5 ml/1 tsk fløde tatar

15 ml/1 spsk malet ingefær

225 g/8 oz/1 kop smør eller margarine

225 g/8 oz/1 kop blødt brun farin

Bland mel, havre, sodavand, creme af tatar og ingefær sammen i en skål. Gnid smør eller margarine i, indtil blandingen ligner brødkrummer. Rør sukkeret i. Tryk blandingen godt ned i en smurt 35 x 23 cm/14 x 9 kageform og bag den i en forvarmet ovn ved 160°C/325°F/gasmærke 3 i 30 minutter, indtil den er gyldenbrun. Skær i firkanter, mens de stadig er varme, og lad dem køle helt af i formen.

Orange honningkager

Gør en 23 cm/9 i kage

450 g/1 lb/4 kopper almindeligt (all-purpose) mel

5 ml/1 tsk stødt kanel

2,5 ml/½ tsk malet ingefær

2,5 ml/½ tsk bikarbonatsodavand (bagepulver)

175 g/6 oz/2/3 kop smør eller margarine

175 g/6 oz/2/3 kop caster (superfint) sukker

75 g/3 oz/½ kop glacé (kandiseret) appelsinskal, hakket

Revet skal og saft af ½ stor appelsin

175 g/6 oz/½ kop gylden (lys majs) sirup, opvarmet

2 æg, let pisket

Lidt mælk

Bland mel, krydderier og sodavand, og gnid derefter smør eller margarine i, indtil blandingen ligner brødkrummer. Rør sukker, appelsinskal og skal i, og lav derefter en fordybning i midten. Bland appelsinjuice og opvarmet sirup i, og rør derefter æggene i, indtil du har en blød, dryssende konsistens, tilsæt eventuelt lidt mælk. Pisk godt, kom derefter i en smurt 23 cm/9 i firkantet kageform og bag i en forvarmet ovn ved 160°C/325°F/gasmærke 3 i 1 time, indtil den er godt hævet og fjedrende at røre ved.

Sticky honningkager

Gør en 25 cm/10 i kage

275 g/10 oz/2½ kopper almindeligt (all-purpose) mel

10 ml/2 tsk stødt kanel

5 ml/1 tsk bicarbonat sodavand (bagepulver)

100 g/4 oz/½ kop smør eller margarine

175 g/6 oz/½ kop gylden (lys majs) sirup

175 g/6 oz/½ kop sort sirup (melasse)

100 g/4 oz/½ kop blødt brun farin

2 æg, pisket

150 ml/¼ pt/2/3 kop varmt vand

Bland mel, kanel og sodavand sammen. Smelt smør eller margarine med sirup, sirup og sukker og hæld i de tørre ingredienser. Tilsæt æg og vand og bland godt. Hæld i en smurt og beklædt 25 cm/10 i firkantet kageform (form). Bages i en forvarmet ovn ved 180°C/350°F/gasmærke 4 i 40-45 minutter, indtil de er godt hævet og fjedrende at røre ved.

Fuldkorns honningkager

Gør en 18 cm/7 i kage

100 g/4 oz/1 kop almindeligt (all-purpose) mel

100 g/4 oz/1 kop fuldkornsmel (fuldhvede).

50 g/2 oz/¼ kop blødt brun farin

50 g/2 oz/1/3 kop sultanas (gyldne rosiner)

10 ml/2 tsk malet ingefær

5 ml/1 tsk stødt kanel

5 ml/1 tsk bicarbonat sodavand (bagepulver)

En knivspids salt

100 g/4 oz/½ kop smør eller margarine

30 ml/2 spsk gylden (lys majs) sirup

30 ml/2 spsk sort sirup (melasse)

1 æg, let pisket

150 ml/¼ pt/2/3 kop mælk

Bland de tørre ingredienser sammen. Smelt smør eller margarine med sirup og sirup og rør i de tørre ingredienser med æg og mælk. Hæld i en smurt og beklædt 18 cm/7 kageform (pande) og bag i en forvarmet ovn ved 160°C/325°F/gasmærke 3 i 1 time, indtil den lige er fjedrende at røre ved.

Honning og mandel kage

Gør en 20 cm/8 i kage

250 g/9 oz gulerødder, revet

65 g/2½ oz mandler, finthakkede

2 æg

100 g/4 oz/1/3 kop klar honning

60 ml/4 spsk olie

150 ml/¼ pt/2/3 kop mælk

100 g/4 oz/1 kop fuldkornsmel (fuldhvede).

25 g/1 oz/¼ kop almindeligt (all-purpose) mel

10 ml/2 tsk stødt kanel

2,5 ml/½ tsk bikarbonatsodavand (bagepulver)

En knivspids salt

Citron Glacé glasur

Et par mandler i flager til dekoration

Bland gulerødder og nødder sammen. Pisk æggene i en separat skål og bland derefter honning, olie og mælk i. Rør i gulerødder og nødder, og vend derefter de tørre ingredienser i. Hæld i en smurt og beklædt 20 cm/8 kageform (pande) og bag i en forvarmet ovn ved 150°C/300°F/gasmærke 2 i 1-1¼ time, indtil den er godt hævet og fjedrende at røre ved. Lad den køle af i formen, inden den tages ud. Dryp med citronglacé-glasuren, og pynt derefter med flager af mandler.

Citron-is kage

Gør en 18 cm/7 i kage

100 g/4 oz/½ kop smør eller margarine, blødgjort

100 g/4 oz/½ kop caster (superfint) sukker

2 æg

100 g/4 oz/1 kop almindeligt (all-purpose) mel

50 g/2 oz/½ kop malet ris

2,5 ml/½ tsk bagepulver

Revet skal og saft af 1 citron

100 g/4 oz/2/3 kop flormelis (konditorsukker), sigtet

Pisk smør eller margarine og sukker sammen til det er lyst og luftigt. Bland æggene i et ad gangen, pisk godt efter hver tilsætning. Bland mel, malede ris, bagepulver og citronskal, og vend det derefter ind i blandingen. Hæld i en smurt og beklædt 18 cm/7 kageform og bag i en forvarmet ovn ved 180°C/350°F/gasmærke 4 i 1 time, indtil den er elastisk at røre ved. Tag den ud af formen og lad den køle af.

Bland flormelisen med lidt af citronsaften til en jævn masse. Hæld den over kagen og lad den stivne.

Iced Tea Ring

Serverer 4-6

150 ml/¼ pt/2/3 kop varm mælk

2,5 ml/½ tsk tørret gær

25 g/1 oz/2 spsk strøsukker (superfint).

25 g/1 oz/2 spsk smør eller margarine

225 g/8 oz/2 kopper stærkt almindeligt (brød) mel

1 æg, pisket Til fyldet:

50 g/2 oz/¼ kop smør eller margarine, blødgjort

50 g/2 oz/¼ kop malede mandler

50 g/2 oz/¼ kop blødt brun farin

Til toppingen:
100 g/4 oz/2/3 kop flormelis (konditorsukker), sigtet

15 ml/1 spsk varmt vand

30 ml/2 spsk mandler i flager

Hæld mælken på gær og sukker og bland det sammen. Lad stå et lunt sted, indtil det er skummende. Gnid smørret eller margarinen ind i melet. Rør gærblandingen og ægget i og pisk godt. Dæk skålen med olieret husholdningsfilm (plastfolie) og lad den stå et lunt sted i 1 time. Ælt igen, og form derefter til et rektangel på ca. 30 x 23 cm. Fordel smørret eller margarinen til fyldet over dejen og drys med malede mandler og sukker. Rul sammen til en lang pølse og form til en ring, og forsegl kanterne med lidt vand. Klip to tredjedele af rullen med ca. 3 cm/1½ intervaller og læg på en smurt bageplade. Lad stå et varmt sted i 20 minutter. Bages i en forvarmet ovn ved 200°C/425°F/gas 7 i 15 minutter. Reducer ovntemperaturen til 180°C/350°F/gas 4 i yderligere 15 minutter.

Blend imens flormelis og vand sammen til en glasurglasur. Når den er afkølet, fordeles den over kagen og pyntes med flagede mandler.

Lardy kage

Gør en 23 x 18 cm/9 x 7 i kage

15 g/½ oz frisk gær eller 20 ml/4 tsk tørret gær

5 ml/1 tsk rørsukker (superfint).

300 ml/½ pt/1¼ kopper varmt vand

150 g/5 oz/2/3 kop spæk (afkortning)

450 g/1 lb/4 kopper stærkt (brød) mel

En knivspids salt

100 g/4 oz/2/3 kop sultanas (gyldne rosiner)

100 g/4 oz/2/3 kop klar honning

Bland gæren med sukkeret og lidt af det varme vand og lad det stå et lunt sted i 20 minutter til det er skummende.

Gnid 25 g/1 oz/2 spsk af svinefedtet ind i mel og salt og lav en brønd i midten. Hæld gærblandingen og det resterende varme vand i og bland til en stiv dej. Ælt til det er glat og fjedrende. Læg den i en oliesmurt skål, dæk med olieret husholdningsfilm (plastfolie) og lad den stå et lunt sted i ca. 1 time, indtil den er dobbelt så stor.

Skær det resterende svinefedt i tern. Ælt dejen igen, og rul derefter ud til et rektangel ca. 35 x 23 cm/14 x 9 in. Dæk de øverste to tredjedele af dejen med en tredjedel af spæk, en tredjedel af sultanas og en fjerdedel af dejen. honningen. Fold den almindelige tredjedel af dejen op over fyldet, og fold derefter den øverste tredjedel ned over det. Tryk kanterne sammen for at forsegle, og giv derefter dejen en kvart omgang, så folden er på din venstre side. Rul ud og gentag processen to gange mere for at bruge alt svinefedt og sultanas. Læg på en smurt bageplade og marker et krydsmønster på toppen med en kniv. Dæk til og lad stå et lunt sted i 40 minutter.

Bages i en forvarmet ovn ved 220°C/425°F/gasmærke 7 i 40 minutter. Dryp toppen med den resterende honning, og lad den køle af.

Kommefrø Lardy kage

Gør en 23 x 18 cm/9 x 7 i kage

450 g/1 lb Basic White Loaf dej

175 g/6 oz/¾ kop spæk (afkortning), skåret i stykker

175 g/6 oz/¾ kop strøsukker (superfint).

15 ml/1 spsk kommenfrø

Forbered dejen, rul den derefter ud på en let meldrysset overflade til et rektangel på ca. 35 x 23 cm. Prik de øverste to tredjedele af dejen med halvdelen af spæk og halvdelen af sukkeret, og fold derefter sletten sammen tredjedel af dejen, og fold toppen en tredjedel ned over det. Giv dejen en kvart omgang, så folden er på din venstre side, rul derefter ud igen og drys på samme måde med det resterende spæk og sukker og kommen. Fold igen, form derefter, så den passer til en bageform (pande), og skær toppen til diamantformer. Dæk med olieret husholdningsfilm (plastfolie) og lad stå et lunt sted i ca. 30 minutter, indtil det er dobbelt så stort.

Bages i en forvarmet ovn ved 200°C/400°F/gasmærke 6 i 1 time. Lad det køle af i formen i 15 minutter, så fedtet trænger ind i dejen, og vend derefter ud på en rist for at køle helt af.

Marmor kage

Gør en 20 cm/8 i kage

175 g/6 oz/¾ kop smør eller margarine, blødgjort

175 g/6 oz/¾ kop strøsukker (superfint).

3 æg, let pisket

225 g/8 oz/2 kopper selvhævende (selvhævende) mel

Et par dråber mandelessens (ekstrakt)

Et par dråber grøn madfarve

Et par dråber rød madfarve

Pisk smør eller margarine og sukker sammen til det er lyst og luftigt. Pisk gradvist æggene i, og vend derefter melet i. Del blandingen i tre. Tilføj mandelessensen til en tredjedel, den grønne madfarve til en tredjedel og den røde madfarve til den resterende tredjedel. Kom store skefulde af de tre blandinger skiftevis i en smurt og foret 20 cm/8 kagedåse (pande) og bag i en forvarmet ovn ved 180°C/350°F/gasmærke 4 i 45 minutter, indtil den er gennemhævet og spændstig. berøringen.

Lincolnshire lagkage

Gør en 20 cm/8 i kage

175 g/6 oz/¾ kop smør eller margarine

350 g/12 oz/3 kopper almindeligt (all-purpose) mel

En knivspids salt

150 ml/¼ pt/2/3 kop mælk

15 ml/1 spsk tørret gær Til fyldet:

225 g/8 oz/11/3 kopper sultanas (gyldne rosiner)

225 g/8 oz/1 kop blødt brun farin

25 g/1 oz/2 spsk smør eller margarine

2,5 ml/½ tsk stødt allehånde

1 æg, adskilt

Gnid halvdelen af smørret eller margarinen ind i melet og saltet, indtil blandingen minder om brødkrummer. Lun det resterende smør eller margarine med mælken, indtil det er håndvarmt, og bland derefter lidt til en pasta med gæren. Rør gærblandingen og den resterende mælk og smør i melblandingen og ælt til en blød dej. Læg det i en oliesmurt skål, dæk til og lad det stå et lunt sted i ca. 1 time, indtil det er dobbelt så stort. Læg imens alle ingredienserne til fyldet undtagen æggehviden i en gryde ved svag varme og lad det stå til det er smeltet.

Rul en fjerdedel af dejen ud til 20 cm/8 i cirkel og fordel med en tredjedel af fyldet. Gentag med de resterende mængder dej og fyld, topping med en cirkel af dej. Pensl kanterne med æggehvide og luk dem sammen. Bages i en forvarmet ovn ved 190°C/375°F/gasmærke 5 i 20 minutter. Pensl toppen med æggehvide, og sæt den tilbage i ovnen i yderligere 30 minutter, indtil den er gylden.

Brødkage

Gør en 900 g/2 lb kage

175 g/6 oz/¾ kop smør eller margarine, blødgjort

275 g/10 oz/1¼ kopper strøsukker (superfint).

Revet skal og saft af ½ citron

120 ml/4 fl oz/½ kop mælk

275 g/10 oz/2¼ kopper selvhævende (selvhævende) mel

5 ml/1 tsk salt

5 ml/1 tsk bagepulver

3 æg

Flormelis (konditor), sigtet, til aftørring

Rør smør eller margarine, sukker og citronskal sammen til det er let og luftigt. Rør citronsaft og mælk i, bland derefter mel, salt og bagepulver i og bland til en jævn masse. Tilsæt gradvist æggene, pisk godt efter hver tilsætning. Hæld blandingen i en smurt og foret brødform på 900 g/2 lb og bag i en forvarmet ovn ved 150°F/300°F/gasmærke 2 i 1¼ time, indtil den er elastisk at røre ved. Lad den køle af i formen i 10 minutter, inden den vendes ud for at køle færdig på en rist. Server drysset med flormelis.

Marmelade kage

Gør en 18 cm/7 i kage

175 g/6 oz/¾ kop smør eller margarine, blødgjort

175 g/6 oz/¾ kop strøsukker (superfint).

3 æg, adskilt

300 g/10 oz/2½ kopper selvhævende (selvhævende) mel

45 ml/3 spsk tyk marmelade

50 g/2 oz/1/3 kop hakket blandet (kandiseret) skræl

Revet skal af 1 appelsin

45 ml/3 spsk vand

Til glasuren (frosting):
100 g/4 oz/2/3 kop flormelis (konditorsukker), sigtet

Saft af 1 appelsin

Et par skiver krystalliseret (kandiseret) appelsin

Pisk smør eller margarine og sukker sammen til det er lyst og luftigt. Pisk gradvist æggeblommerne i, derefter 15 ml/1 spsk af melet. Vend marmeladen, blandet skal, appelsinskal og vand i, og vend derefter det resterende mel i. Pisk æggehviderne stive, og vend dem derefter ind i blandingen med en metalske. Hæld i en smurt og beklædt 18 cm/7 kageform og bag i en forvarmet ovn ved 180°C/350°F/gasmærke 4 i 1¼ time, indtil den er godt hævet og fjedrende at røre ved. Lad den køle af i formen i 5 minutter, og vend den ud på en rist for at afslutte afkølingen.

For at lave glasuren, læg flormelissen i en skål og lav en fordybning i midten. Arbejd gradvist nok appelsinjuice i til at give en smørende konsistens. Hæld den over kagen og ned langs siderne og lad den stivne. Pynt med krystalliserede appelsinskiver.

Valmuefrø kage

Gør en 20 cm/8 i kage

250 ml/8 fl oz/1 kop mælk

100 g/4 oz/1 kop valmuefrø

225 g/8 oz/1 kop smør eller margarine, blødgjort

225 g/8 oz/1 kop blødt brun farin

3 æg, adskilt

100 g/4 oz/1 kop almindeligt (all-purpose) mel

100 g/4 oz/1 kop fuldkornsmel (fuldhvede).

5 ml/1 tsk bagepulver

Bring mælken i kog i en lille gryde med valmuefrø, tag derefter af varmen, læg låg på og lad det trække i 30 minutter. Rør smør eller margarine og sukker sammen, indtil det er lyst og luftigt. Pisk gradvist æggeblommerne i, og vend derefter mel og bagepulver i. Rør valmuefrø og mælk i. Pisk æggehviderne stive, og vend dem derefter ind i blandingen med en metalske. Hæld i en smurt og beklædt 20 cm/8 kageform og bag i en forvarmet ovn ved 180°C/350°F/gasmærke 4 i 1 time, indtil et spyd, der er sat i midten, kommer rent ud. Lad den køle af i formen i 10 minutter, inden den vendes ud til afkøling på en rist.

Almindelig yoghurtkage

Gør en 23 cm/9 i kage

150 g/5 oz almindelig yoghurt

150 ml/¼ pt/2/3 kop olie

225 g/8 oz/1 kop caster (superfint) sukker

225 g/8 oz/2 kopper selvhævende (selvhævende) mel

10 ml/2 tsk bagepulver

2 æg, pisket

Bland alle ingredienserne sammen, indtil de er glatte, og hæld dem derefter i en smurt og foret 23 cm/9 kagedåse. Bages i en forvarmet ovn ved 160°C/325°F/gasmærke 3 i 1¼ time, indtil den er elastisk at røre ved. Lad det køle af i formen.

Svesker og cremekage

Gør en 23 cm/9 i kage

Til fyldet:
150 g/5 oz/2/3 kop udstenede (udstenede) svesker, groft hakket

120 ml/4 fl oz/½ kop appelsinjuice

50 g/2 oz/¼ kop caster (superfint) sukker

30 ml/2 spsk majsmel (majsstivelse)

175 ml/6 fl oz/¾ kop mælk

2 æggeblommer

Finrevet skal af 1 appelsin

Til kagen:
175 g/6 oz/¾ kop smør eller margarine, blødgjort

225 g/8 oz/1 kop caster (superfint) sukker

3 æg, let pisket

200 g/7 oz/1¾ kopper almindeligt (all-purpose) mel

10 ml/2 tsk bagepulver

2,5 ml/½ tsk revet muskatnød

75 ml/5 spsk appelsinjuice

Lav fyldet først. Udblød sveskerne i appelsinjuice i mindst to timer.

Bland sukker og majsmel til en pasta med lidt af mælken. Bring den resterende mælk i kog i en gryde. Hæld sukker og majsmel over og blend det godt sammen, og vend derefter tilbage til den udskyllede gryde og pisk æggeblommerne i. Tilsæt appelsinskalen og rør ved meget lav varme, indtil den er tyknet, men lad ikke cremen koge. Stil gryden i en skål med koldt vand og rør af og til i cremen, mens den afkøles.

For at lave kagen, flød smør eller margarine og sukker sammen, indtil det er let og luftigt. Pisk æggene gradvist i, og vend derefter mel, bagepulver og muskatnød i skiftevis med appelsinjuice. Hæld halvdelen af dejen i en smurt 23 cm/9 kageform, fordel derefter cremecremen over toppen, efterlad et hul rundt om kanten. Hæld sveskerne og udblødningssaften over cremen, dæk derefter med den resterende kageblanding, og sørg for, at kageblandingen forsegler fyldet i siderne, og fyldet er helt dækket. Bages i en forvarmet ovn ved 200°C/400°F/gasmærke 6 i 35 minutter, indtil den er gyldenbrun og krymper væk fra formens sider. Lad den køle af i formen, inden den tages ud.

Hindbærrippelkage med chokoladeglasur

Gør en 20 cm/8 i kage

175 g/6 oz/¾ kop smør eller margarine, blødgjort

175 g/6 oz/¾ kop strøsukker (superfint).

3 æg, let pisket

225 g/8 oz/2 kopper selvhævende (selvhævende) mel

100 g/4 oz hindbær Til glasuren (frosting) og dekoration:

Hvid chokolade smørglasur

100 g/4 oz/1 kop almindelig (halvsød) chokolade

Pisk smør eller margarine og sukker sammen til det er lyst og luftigt. Pisk gradvist æggene i, og vend derefter melet i. Purér hindbærene, og gnid derefter gennem en sigte (si) for at fjerne kernerne. Rør puréen i kageblandingen, bare så den marmorerer gennem blandingen og ikke blandes i. Hæld i en smurt og foret 20 cm/8 kagedåse (pande) og bag i en forvarmet ovn ved 180°C/350° F/ gasmærke 4 i 45 minutter indtil godt hævet og fjedrende at røre ved. Overfør til en rist til afkøling.

Fordel smørglasuren over kagen og ru overfladen med en gaffel. Smelt chokoladen i en varmefast skål over en gryde med let kogende vand. Fordel over en bageplade og lad den stå, indtil den næsten er stivnet. Skrab det flade af en skarp kniv hen over chokoladen for at lave krøller. Bruges til at dekorere toppen af kagen.

Sandkage

Gør en 20 cm/8 i kage

75 g/3 oz/1/3 kop smør eller margarine, blødgjort

75 g/3 oz/1/3 kop caster (superfint) sukker

2 æg, let pisket

100 g/4 oz/1 kop majsmel (majsstivelse)

25 g/1 oz/¼ kop almindeligt (all-purpose) mel

5 ml/1 tsk bagepulver

50 g/2 oz/½ kop hakkede blandede nødder

Pisk smør eller margarine og sukker sammen til det er lyst og luftigt. Pisk gradvist æggene i, og vend derefter majsmel, mel og bagepulver i. Hæld blandingen i en smurt 20 cm/8 firkantet kageform og drys med de hakkede nødder. Bages i en forvarmet ovn ved 180°C/350°F/gasmærke 4 i 1 time, indtil den er elastisk at røre ved.

Frøkage

Gør en 18 cm/7 i kage

100 g/4 oz/½ kop smør eller margarine, blødgjort

100 g/4 oz/½ kop caster (superfint) sukker

2 æg, let pisket

225 g/8 oz/2 kopper almindeligt (all-purpose) mel

25 g/1 oz/¼ kop kommenfrø

5 ml/1 tsk bagepulver

En knivspids salt

45 ml/3 spsk mælk

Pisk smør eller margarine og sukker sammen til det er lyst og luftigt. Pisk æggene gradvist i, og vend derefter mel, kommen, bagepulver og salt i. Rør nok af mælken i, så du får en dryppende konsistens. Hæld i en smurt og foret 18 cm/7 kageform (pande) og bag i en forvarmet ovn ved 200°C/400°F/gasmærke 6 i 1 time, indtil den er fjedrende at røre ved og begynder at krympe væk fra siderne af dåsen.

Krydret ringkage

Gør en 23 cm/9 i ring

1 æble, skrællet, udkernet og revet

30 ml/2 spsk citronsaft

25 g/8 oz/1 kop blødt brun farin

5 ml/1 tsk malet ingefær

5 ml/1 tsk stødt kanel

2,5 ml/½ tsk malet blandet (æbletærte) krydderi

225 g/8 oz/2/3 kop gylden (lys majs) sirup

250 ml/8 fl oz/1 kop olie

10 ml/2 tsk bagepulver

400 g/14 oz/3½ kopper almindeligt (all-purpose) mel

10 ml/2 tsk bicarbonat sodavand (bagepulver)

250 ml/8 fl oz/1 kop varm stærk te

1 æg, pisket

Flormelis (konditor), sigtet, til aftørring

Bland æble og citronsaft sammen. Rør sukker og krydderier i, derefter sirup og olie. Tilsæt bagepulveret til melet og sodavandets bikarbonat til den varme te. Rør disse skiftevis i blandingen, og bland derefter ægget i. Hæld i en smurt og foret 23 cm/9 dyb ringkageform og bag den i en forvarmet ovn ved 180°C/350°F/gasmærke 4 i 1 time, indtil den er fjedrende at røre ved. Lad den køle af i formen i 10 minutter, og vend den ud på en rist for at afslutte afkølingen. Server drysset med flormelis.

Krydret lagkage

Gør en 23 cm/9 i kage

100 g/4 oz/½ kop smør eller margarine, blødgjort

100 g/4 oz/½ kop granuleret sukker

100 g/4 oz/½ kop blødt brun farin

2 æg, pisket

175 g/6 oz/1½ kopper almindeligt (all-purpose) mel

5 ml/1 tsk bagepulver

5 ml/1 tsk stødt kanel

2,5 ml/½ tsk bikarbonatsodavand (bagepulver)

2,5 ml/½ tsk malet blandet (æbletærte) krydderi

En knivspids salt

200 ml/7 fl oz/små 1 kop inddampet mælk på dåse

Citronsmørglasur

Rør smør eller margarine og sukker sammen til det er lyst og luftigt. Pisk gradvist æggene i, vend derefter de tørre ingredienser og den inddampede mælk i og blend til en jævn blanding. Hæld i to smurte og beklædte 23 cm/9 kageforme og bag dem i en forvarmet ovn ved 180°C/350°F/gasmærke 4 i 30 minutter, indtil de er fjedrende at røre ved. Lad det køle af, og smør det derefter sammen med citronsmørglasur.

Sukker og kanel kage

Gør en 23 cm/9 i kage

175 g/6 oz/1½ kopper selvhævende (selvhævende) mel

10 ml/2 tsk bagepulver

En knivspids salt

175 g/6 oz/¾ kop strøsukker (superfint).

50 g/2 oz/¼ kop smør eller margarine, smeltet

1 æg, let pisket

120 ml/4 fl oz/½ kop mælk

2,5 ml/½ tsk vaniljeessens (ekstrakt)

Til toppingen:
50 g/2 oz/¼ kop smør eller margarine, smeltet

50 g/2 oz/¼ kop blødt brun farin

2,5 ml/½ tsk stødt kanel

Pisk alle kageingredienserne sammen, indtil det er glat og godt blandet. Hæld i en smurt 23 cm/9 kageform og bag i en forvarmet ovn ved 180°C/350°F/gasmærke 4 i 25 minutter, indtil den er gylden. Pensl den varme kage med smørret. Bland sukker og kanel sammen og drys over toppen. Sæt kagen tilbage i ovnen i yderligere 5 minutter.

Victoriansk tekage

Gør en 20 cm/8 i kage

225 g/8 oz/1 kop smør eller margarine, blødgjort

225 g/8 oz/1 kop caster (superfint) sukker

225 g/8 oz/2 kopper selvhævende (selvhævende) mel

25 g/1 oz/¼ kop majsmel (majsstivelse)

30 ml/2 spsk kommenfrø

5 æg, adskilt

Granuleret sukker til drys

Rør smør eller margarine og sukker sammen, indtil det er lyst og luftigt. Vend mel, majsmel og kommen i. Pisk æggeblommerne, og bland dem derefter i blandingen. Pisk æggehviderne stive, og vend dem derefter forsigtigt i blandingen med en metalske. Hæld i en smurt og beklædt 20 cm/8 kageform og drys med sukker. Bag i en forvarmet ovn ved 180°C/350°F/gasmærke 4 i 1½ time, indtil den er gyldenbrun og begynder at krympe væk fra formens sider.

Alt-i-én frugtkage

Gør en 20 cm/8 i kage

175 g/6 oz/¾ kop smør eller margarine, blødgjort

175 g/6 oz/¾ kop blødt brun farin

3 æg

15 ml/1 spsk gylden (lys majs) sirup

100 g/4 oz/½ kop glacé (kandiserede) kirsebær

100 g/4 oz/2/3 kop sultanas (gyldne rosiner)

100 g/4 oz/2/3 kop rosiner

225 g/8 oz/2 kopper selvhævende (selvhævende) mel

10 ml/2 tsk malet blandet (æbletærte) krydderi

Kom alle ingredienserne i en skål og pisk det godt sammen, eller forarbejd det i en foodprocessor. Hæld i en smurt og foret 20 cm/8 kageform (pande) og bag i en forvarmet ovn ved 160°C/325°F/gasmærke 3 i 1½ time, indtil et spyd, der er sat i midten, kommer rent ud. Lad stå i formen i 5 minutter, og vend derefter ud på en rist for at afslutte afkøling.

Alt-i-én pandekage

Gør en 20 cm/8 i kage

350 g/12 oz/2 kopper tørret blandet frugt (frugtkageblanding)

100 g/4 oz/½ kop smør eller margarine

100 g/4 oz/½ kop blødt brun farin

150 ml/¼ pt/2/3 kop vand

2 store æg, pisket

225 g/8 oz/2 kopper selvhævende (selvhævende) mel

5 ml/1 tsk malet blandet (æbletærte) krydderi

Kom frugt, smør eller margarine, sukker og vand i en gryde, bring det i kog, og lad det simre forsigtigt i 15 minutter. Lad afkøle. Rør skefulde af æggene i skiftevis med mel og blandet krydderi og bland godt. Hæld i en smurt 20 cm/8 i kagedåse og bag i en forvarmet ovn ved 140°C/275°F/gasmærke 1 i 1-1½ time, indtil et spyd, der er sat i midten, kommer rent ud.

Australsk frugtkage

Gør en 900 g/2 lb kage

100 g/4 oz/½ kop smør eller margarine

225 g/8 oz/1 kop blødt brun farin

250 ml/8 fl oz/1 kop vand

350 g/12 oz/2 kopper tørret blandet frugt (frugtkageblanding)

5 ml/1 tsk bicarbonat sodavand (bagepulver)

10 ml/2 tsk malet blandet (æbletærte) krydderi

5 ml/1 tsk malet ingefær

100 g/4 oz/1 kop selvhævende (selvhævende) mel

100 g/4 oz/1 kop almindeligt (all-purpose) mel

1 æg, pisket

Bring alle ingredienserne undtagen mel og æg i kog i en gryde. Fjern fra varmen og lad det køle af. Bland mel og æg i. Anbring blandingen i en smurt og foret brødform på 900 g/2 lb og bag i en forvarmet ovn ved 160°C/325°F/gasmærke 3 i 1 time, indtil den er godt hævet og et spyd indsat i midten kommer. ude rent.

Amerikansk rigkage

Gør en 25 cm/10 i kage

225 g/8 oz/1 1/3 kopper ribs

100 g/4 oz/1 kop blancherede mandler

15 ml/1 spsk orange blomstervand

45 ml/3 spsk tør sherry

1 stor æggeblomme

2 æg

350 g/12 oz/1½ kopper smør eller margarine, blødgjort

175 g/6 oz/¾ kop strøsukker (superfint).

En knivspids malet mace

En knivspids stødt kanel

En knivspids malet nelliker

En knivspids malet ingefær

En knivspids revet muskatnød

30 ml/2 spsk brandy

225 g/8 oz/2 kopper almindeligt (all-purpose) mel

50 g/2 oz/½ kop hakket blandet (kandiseret) skræl

Læg ribsene i blød i varmt vand i 15 minutter, og dræn derefter godt af. Kværn mandlerne med orange blomstervand og 15 ml/1 spsk af sherryen til de er fine. Pisk æggeblomme og æg sammen. Rør smør eller margarine og sukker sammen, rør derefter mandelblandingen og æggene i og pisk indtil hvidt og tykt. Tilsæt krydderierne, den resterende sherry og brandy. Rør melet i, og bland derefter ribs og blandet skræl i. Hæld i en smurt 25 cm/10 kageform og bag i en forvarmet ovn ved 180°C/350°F/gasmærke 4 i ca. 1 time, indtil et spyd, der er sat ind i midten, kommer rent ud.

Carob frugtkage

Gør en 18 cm/7 i kage

450 g/1 lb/22/3 kopper rosiner

300 ml/½ pt/1¼ kopper appelsinjuice

175 g/6 oz/¾ kop smør eller margarine, blødgjort

3 æg, let pisket

225 g/8 oz/2 kopper almindeligt (all-purpose) mel

75 g/3 oz/¾ kop johannesbrødpulver

10 ml/2 tsk bagepulver

Revet skal af 2 appelsiner

50 g/2 oz/½ kop valnødder, hakket

Udblød rosinerne i appelsinsaften natten over. Blend smør eller margarine og æg til det er glat. Bland gradvist rosinerne og appelsinsaften og de resterende ingredienser i. Hæld i en smurt og foret 18 cm/7 kageform (pande) og bag i en forvarmet ovn ved 180°C/350°F/gasmærke 4 i 30 minutter, reducer derefter ovntemperaturen til 160°C/325° F/gas-mærke 3 i yderligere 1¼ time, indtil et spyd, der er indsat i midten, kommer rent ud. Lad den køle af i formen i 10 minutter, inden den vendes ud på en rist for at afslutte afkølingen.

Kaffe frugtkage

Gør en 25 cm/10 i kage

450 g/1 lb/2 kopper strøsukker (superfint).

450 g/1 lb/2 kopper udstenede (udstenede) dadler, hakket

450 g/1 lb/22/3 kopper rosiner

450 g/1 lb/22/3 kopper sultanas (gyldne rosiner)

100 g/4 oz/½ kop glacé (kandiserede) kirsebær, hakket

100 g/4 oz/1 kop hakkede blandede nødder

450 ml/¾ pt/2 kopper stærk sort kaffe

120 ml/4 fl oz/½ kop olie

100 g/4 oz/1/3 kop gylden (lys majs) sirup

10 ml/2 tsk stødt kanel

5 ml/1 tsk revet muskatnød

En knivspids salt

10 ml/2 tsk bicarbonat sodavand (bagepulver)

15 ml/1 spsk vand

2 æg, let pisket

450 g/1 lb/4 kopper almindeligt (all-purpose) mel

120 ml/4 fl oz/½ kop sherry eller brandy

Bring alle ingredienserne undtagen bikarbonat af sodavand, vand, æg, mel og sherry eller brandy i kog i en kraftig gryde. Kog i 5 minutter under konstant omrøring, tag derefter af varmen og lad det køle af.

Blend sodavandets bikarbonat med vandet og tilsæt frugtblandingen med æg og mel. Hæld en ske i en smurt og foret 25 cm/10 kageform (form) og bind et dobbelt lag fedtfast (vokset) papir rundt om ydersiden, så den står over toppen af formen. Bages i en forvarmet ovn ved 160°C/325°F/gasmærke 3 i 1 time. Reducer ovntemperaturen til 150°C/300°F/gasmærke 2 og bag i yderligere 1 time. Reducer ovntemperaturen til 140°C/275°F/gasmærke 1 og bag i en tredje time. Reducer ovntemperaturen igen til 120°C/250°F/ gasmærke ½ og bag i en sidste time, og dæk toppen af kagen med fedtfast (vokset) papir, hvis den begynder at brune for meget. Når den er tilberedt, vil et spyd, der stikkes i midten, komme rent ud, og kagen begynder at krympe væk fra formens sider.

Cornish Heavy Cake

Gør en 900 g/2 lb kage

350 g/12 oz/3 kopper almindeligt (all-purpose) mel

2,5 ml/½ tsk salt

175 g/6 oz/¾ kop spæk (afkortning)

75 g/3 oz/1/3 kop caster (superfint) sukker

175 g/6 oz/1 kop ribs

Lidt hakket blandet (kandiseret) skræl (valgfrit)

Cirka 150 ml/¼ pt/2/3 kop blandet mælk og vand

1 æg, pisket

Kom mel og salt i en skål, og gnid derefter svinefedtet ind, indtil blandingen ligner brødkrummer. Rør de resterende tørre ingredienser i. Tilsæt gradvist nok mælk og vand til en stiv dej. Der skal ikke ret meget til. Rul ud på en smurt bageplade til ca. 1 cm/½ tykkelse. Glasér med sammenpisket æg. Tegn et mønster på kryds og tværs på toppen med spidsen af en kniv. Bages i en forvarmet ovn ved 160°C/325°F/gasmærke 3 i ca. 20 minutter, indtil de er gyldne. Lad det køle af, og skær derefter i firkanter.

Ribs kage

Gør en 23 cm/9 i kage

225 g/8 oz/1 kop smør eller margarine

300 g/11 oz/1½ kopper strøsukker (superfint).

En knivspids salt

100 ml/3½ fl oz/6½ spsk kogende vand

3 æg

400 g/14 oz/3½ kopper almindeligt (all-purpose) mel

175 g/6 oz/1 kop ribs

50 g/2 oz/½ kop hakket blandet (kandiseret) skræl

100 ml/3½ fl oz/6½ spsk koldt vand

15 ml/1 spsk bagepulver

Kom smør eller margarine, sukker og salt i en skål, hæld det kogende vand over og lad det stå til det er blødt. Pisk hurtigt, indtil det er let og cremet. Tilsæt æggene gradvist, og bland derefter mel, ribs og blandet skræl i skiftevis med det kolde vand. Rør bagepulveret i. Hæld dejen i en smurt 23 cm/9 kageform og bag den i en forvarmet ovn ved 180°C/350°F/gasmærke 4 i 30 minutter. Reducer ovntemperaturen til 150°C/300°F/gasmærke 2 og bag i yderligere 40 minutter, indtil et spyd, der er sat i midten, kommer rent ud. Lad den køle af i formen i 10 minutter, inden den vendes ud til afkøling på en rist.

Mørk frugtkage

Gør en 25 cm/10 i kage

225 g/8 oz/1 kop hakket blandet glacé (kandiserede) frugter

350 g/12 oz/2 kopper udstenede (udstenede) dadler, hakket

225 g/8 oz/11/3 kopper rosiner

225 g/8 oz/1 kop glacé (kandiserede) kirsebær, hakket

100 g/4 oz/½ kop glacé (kandiseret) ananas, hakket

100 g/4 oz/1 kop hakkede blandede nødder

225 g/8 oz/2 kopper almindeligt (all-purpose) mel

5 ml/1 tsk bicarbonat sodavand (bagepulver)

5 ml/1 tsk stødt kanel

2,5 ml/½ tsk allehånde

1,5 ml/¼ tsk stødt nelliker

1,5 ml/¼ tsk salt

225 g/8 oz/1 kop spæk (afkortning)

225 g/8 oz/1 kop blødt brun farin

3 æg

175 g/6 oz/½ kop sort sirup (melasse)

2,5 ml/½ tsk vaniljeessens (ekstrakt)

120 ml/4 fl oz/½ kop kærnemælk

Bland frugt og nødder sammen. Bland mel, sodavandsbikarbonat, krydderier og salt sammen og rør 50 g/½ kop i frugten. Rør spæk og sukker sammen til det er lyst og luftigt. Tilsæt gradvist æggene, pisk godt efter hver tilsætning. Rør sirup og vaniljeessens i. Rør kærnemælken i skiftevis med den resterende melblanding og pisk til en jævn masse. Rør frugten i. Hæld i en smurt og foret 25 cm/10 kageform og bag i en forvarmet ovn ved 140°C/275°F/gasmærke 1 i 2½ time, indtil et spyd, der er sat i midten, kommer rent ud. Lad den køle af i formen i 10 minutter, og vend den ud på en rist for at afslutte afkølingen.

Klip-og-kom-igen kage

Gør en 20 cm/8 i kage

275 g/10 oz/12/3 kopper tørret blandet frugt (frugtkageblanding)

100 g/4 oz/½ kop smør eller margarine

150 ml/¼ pt/2/3 kop vand

1 æg, pisket

225 g/8 oz/2 kopper almindeligt (all-purpose) mel

En knivspids salt

100 g/4 oz/½ kop caster (superfint) sukker

Kom frugt, smør eller margarine og vand i en gryde og lad det simre i 20 minutter. Lad afkøle. Tilsæt ægget, og rør derefter gradvist mel, salt og sukker i. Hæld i en smurt 20 cm/8 kagedåse (pande) og bag i en forvarmet ovn ved 160°C/325°F/gasmærke 3 i 1¼ time, indtil et spyd, der er indsat i midten, kommer rent ud.

Dundee kage

Gør en 20 cm/8 i kage

225 g/8 oz/1 kop smør eller margarine, blødgjort

225 g/8 oz/1 kop caster (superfint) sukker

4 store æg

225 g/8 oz/2 kopper almindeligt (all-purpose) mel

En knivspids salt

350 g/12 oz/2 kopper ribs

350 g/12 oz/2 kopper sultanas (gyldne rosiner)

175 g/6 oz/1 kop hakket blandet (kandiseret) skræl

100 g/4 oz/1 kop glacé (kandiserede) kirsebær, i kvarte

Revet skal af ½ citron

50 g/2 oz hele mandler, blancheret

Rør smør og sukker sammen til det er lyst og lyst. Pisk æggene i et ad gangen, pisk godt mellem hver tilsætning. Vend mel og salt i. Rør frugt og citronskal i. Hak halvdelen af mandlerne og tilsæt dem til blandingen. Hæld i en smurt og beklædt 20 cm/8 kageform og bind et bånd af brunt papir rundt om ydersiden af formen, så den er ca. 5 cm højere end formen. Flæk de reserverede mandler og arranger dem i koncentriske cirkler på toppen af kagen. Bag i en forvarmet ovn ved 150°C/300°F/gasmærke 2 i 3½ time, indtil et spyd indsat i midten kommer rent ud. Tjek efter 2½ time, og hvis kagen begynder at brune for meget på toppen, skal du dække med fugtigt fedtsugende (vokset) papir og reducere ovntemperaturen til 140°C/275°F/gasmærke 1 i den sidste time af tilberedningen.

Ægfri frugtkage natten over

Gør en 20 cm/8 i kage

50 g/2 oz/¼ kop smør eller margarine

225 g/8 oz/2 kopper selvhævende (selvhævende) mel

5 ml/1 tsk bicarbonat sodavand (bagepulver)

5 ml/1 tsk revet muskatnød

5 ml/1 tsk malet blandet (æbletærte) krydderi

En knivspids salt

225 g/8 oz/11/3 kopper tørret blandet frugt (frugtkageblanding)

100 g/4 oz/½ kop blødt brun farin

250 ml/8 fl oz/1 kop mælk

Gnid smørret eller margarinen ind i mel, sodavand, krydderier og salt, indtil blandingen ligner brødkrummer. Bland frugt og sukker i, og rør derefter mælken i, indtil alle ingredienserne er godt blandet. Dæk til og lad det stå natten over.

Hæld blandingen i en smurt og beklædt 20 cm/8 kageform og bag den i en forvarmet ovn ved 180°C/350°F/gasmærke 4 i 1¾ time, indtil et spyd, der er sat ind i midten, kommer rent ud.

Idiotsikker frugtkage

Gør en 23 cm/9 i kage

225 g/8 oz/1 kop smør eller margarine

200 g/7 oz/små 1 kop caster (superfint) sukker

175 g/6 oz/1 kop ribs

175 g/6 oz/1 kop sultanas (gyldne rosiner)

50 g/2 oz/½ kop hakket blandet (kandiseret) skræl

75 g/3 oz/½ kop udstenede (udstenede) dadler, hakket

5 ml/1 tsk bicarbonat sodavand (bagepulver)

200 ml/7 fl oz/små 1 kop vand

75 g/2 oz/¼ kop glacé (kandiserede) kirsebær, hakket

100 g/4 oz/1 kop hakkede blandede nødder

60 ml/4 spsk brandy eller sherry

300 g/11 oz/2¾ kopper almindeligt (all-purpose) mel

5 ml/1 tsk bagepulver

En knivspids salt

2 æg, let pisket

Smelt smørret eller margarinen, og rør derefter sukker, ribs, sultanas, blandet skræl og dadler i. Bland bikarbonaten af sodavand med lidt af vandet og rør i frugtblandingen med det resterende vand. Bring det i kog, og lad det derefter simre forsigtigt i 20 minutter under omrøring af og til. Dæk til og lad stå natten over.

Smør og beklæd en 23 cm/9 kageform (form) og bind et dobbelt lag fedtfast (voksbehandlet) eller brunt papir til at stå over toppen af formen. Rør glacékirsebærene, nødderne og brandy eller sherry i blandingen, og rør derefter mel, bagepulver og salt i. Rør æggene

i. Hæld i den forberedte kageform og bag i en forvarmet ovn ved 160°C/325°F/gasmærke 3 i 1 time. Reducer ovntemperaturen til 140°C/275°F/gasmærke 1 og bag i yderligere 1 time. Reducer ovntemperaturen igen til 120°C/250°F/gasmærke ½ og bag i yderligere 1 time, indtil et spyd, der er indsat i midten, kommer rent ud. Dæk toppen af kagen med en cirkel fedtsugende eller brunt papir mod slutningen af tilberedningstiden, hvis den er overbrun. Lad den køle af i formen i 30 minutter, og vend den ud på en rist for at afslutte afkølingen.

Ingefær frugtkage

Gør en 18 cm/7 i kage

100 g/4 oz/½ kop smør eller margarine, blødgjort

100 g/4 oz/½ kop caster (superfint) sukker

2 æg, let pisket

30 ml/2 spsk mælk

225 g/8 oz/2 kopper selvhævende (selvhævende) mel

5 ml/1 tsk bagepulver

10 ml/2 tsk malet blandet (æbletærte) krydderi

5 ml/1 tsk malet ingefær

100 g/4 oz/2/3 kop rosiner

100 g/4 oz/2/3 kop sultanas (gyldne rosiner)

Pisk smør eller margarine og sukker sammen til det er lyst og luftigt. Bland gradvist æg og mælk i, og vend derefter mel, bagepulver og krydderier i og derefter frugten. Hæld blandingen i en smurt og beklædt 18 cm/7 kageform og bag den i en forvarmet ovn ved 160°C/325°F/gasmærke 3 i 1¼ time, indtil den er gennemhævet og gyldenbrun.

Farmhouse Honning Frugtkage

Gør en 20 cm/8 i kage

175 g/6 oz/2/3 kop smør eller margarine, blødgjort

175 g/6 oz/½ kop klar honning

Revet skal af 1 citron

3 æg, let pisket

225 g/8 oz/2 kopper fuldkornsmel (fuldhvede).

10 ml/2 tsk bagepulver

5 ml/1 tsk malet blandet (æbletærte) krydderi

100 g/4 oz/2/3 kop rosiner

100 g/4 oz/2/3 kop sultanas (gyldne rosiner)

100 g/4 oz/2/3 kop ribs

50 g/2 oz/1/3 kop spiseklare tørrede abrikoser, hakket

50 g/2 oz/1/3 kop hakket blandet (kandiseret) skræl

25 g/1 oz/¼ kop malede mandler

25 g/1 oz/¼ kop mandler

Rør smør eller margarine, honning og citronskal sammen til det er let og luftigt. Tilsæt gradvist æggene, og vend derefter mel, bagepulver og blandet krydderi i. Rør frugt og malede mandler i. Hæld i en smurt og foret 20 cm/8 kageform (form) og lav en lille hul i midten. Arranger mandlerne rundt om den øverste kant af kagen. Bag i en forvarmet ovn ved 160°C/325°F/gasmærke 3 i 2-2½ time, indtil et spyd, der er indsat i midten, kommer rent ud. Dæk toppen af kagen med fedtsugende (vokset) papir mod slutningen af tilberedningstiden, hvis den er overbrun. Lad den køle af i formen i 10 minutter, inden den vendes ud på en rist for at afslutte afkølingen.

Genua kage

Gør en 23 cm/9 i kage

225 g/8 oz/1 kop smør eller margarine, blødgjort

100 g/4 oz/½ kop caster (superfint) sukker

4 æg, adskilt

5 ml/1 tsk mandelessens (ekstrakt)

5 ml/1 tsk revet appelsinskal

225 g/8 oz/11/3 kopper rosiner, hakket

100 g/4 oz/2/3 kop ribs, hakket

100 g/4 oz/2/3 kop sultanas (gyldne rosiner), hakket

50 g/2 oz/¼ kop glacé (kandiserede) kirsebær, hakket

50 g/2 oz/1/3 kop hakket blandet (kandiseret) skræl

100 g/4 oz/1 kop malede mandler

25 g/1 oz/¼ kop mandler

350 g/12 oz/3 kopper almindeligt (all-purpose) mel

10 ml/2 tsk bagepulver

5 ml/1 tsk stødt kanel

Pisk smør eller margarine og sukker sammen, og pisk derefter æggeblommer, mandelessens og appelsinskal i. Bland frugt og nødder med lidt af melet, indtil det er dækket, og rør derefter skefulde af mel, bagepulver og kanel i skiftevis med skefulde af frugtblandingen, indtil det hele er godt blandet. Pisk æggehviderne stive, og vend dem derefter ind i blandingen. Hæld i en smurt og foret 23 cm/9 kageform (pande) og bag i en forvarmet ovn ved 190°C/375°F/gasmærke 5 i 30 minutter, reducer derefter ovntemperaturen til 160°C/325° F/gas-mærke 3 i yderligere 1½ time, indtil den er fjedrende at røre ved og et spyd indsat i midten kommer rent ud. Lad det køle af i formen.

Glacé Frugtkage

Gør en 23 cm/9 i kage

225 g/8 oz/1 kop smør eller margarine, blødgjort

225 g/8 oz/1 kop caster (superfint) sukker

4 æg, let pisket

45 ml/3 spsk brandy

250 g/9 oz/1¼ kopper almindeligt (all-purpose) mel

2,5 ml/½ tsk bagepulver

En knivspids salt

225 g/8 oz/1 kop blandet glacé (kandiseret) frugt såsom kirsebær, ananas, appelsiner, figner, skåret i skiver

100 g/4 oz/2/3 kop rosiner

100 g/4 oz/2/3 kop sultanas (gyldne rosiner)

75 g/3 oz/½ kop ribs

50 g/2 oz/½ kop hakkede blandede nødder

Revet skal af 1 citron

Pisk smør eller margarine og sukker sammen til det er lyst og luftigt. Bland gradvist æg og brandy i. I en separat skål røres de resterende ingredienser sammen, indtil frugten er godt belagt med mel. Rør i blandingen og blend godt. Hæld i en smurt 23 cm/9 kageform og bag i en forvarmet ovn ved 180°C/350°F/gasmærke 4 i 30 minutter. Reducer ovntemperaturen til 150°C/300°F/gasmærke 3 og bag i yderligere 50 minutter, indtil et spyd, der er indsat i midten, kommer rent ud.

Guinness frugtkage

Gør en 23 cm/9 i kage

225 g/8 oz/1 kop smør eller margarine

225 g/8 oz/1 kop blødt brun farin

300 ml/½ pt/1¼ kopper Guinness eller stout

225 g/8 oz/11/3 kopper rosiner

225 g/8 oz/11/3 kopper sultanas (gyldne rosiner)

225 g/8 oz/11/3 kopper ribs

100 g/4 oz/2/3 kop hakket blandet (kandiseret) skræl

550 g/1¼ lb/5 kopper almindeligt (all-purpose) mel

2,5 ml/½ tsk bikarbonatsodavand (bagepulver)

5 ml/1 tsk malet blandet (æbletærte) krydderi

2,5 ml/½ tsk revet muskatnød

3 æg, let pisket

Bring smør eller margarine, sukker og Guinness i kog i en lille gryde ved svag varme under omrøring, indtil det er godt blandet. Bland frugten og den blandede skræl i, bring det i kog, og lad det simre i 5 minutter. Fjern fra varmen og lad det køle af.

Bland mel, bikarbonat af sodavand og krydderier sammen og lav en fordybning i midten. Tilsæt den kølige frugtblanding og æggene og bland det godt sammen. Hæld i en smurt og beklædt 23 cm/9 kageform og bag i en forvarmet ovn 160°C/325°F/gasmærke 3 i 2 timer, indtil et spyd, der er sat i midten, kommer rent ud. Lad den køle af i formen i 20 minutter, og vend den ud på en rist for at afslutte afkølingen.

Hakket kage

Gør en 20 cm/8 i kage

225 g/8 oz/2 kopper selvhævende (selvhævende) mel

350 g/12 oz/2 kopper hakket kød

75 g/3 oz/½ kop tørret blandet frugt (frugtkageblanding)

3 æg

150 g/5 oz/2/3 kop blød margarine

150 g/5 oz/2/3 kop blødt brun farin

Bland alle ingredienserne sammen til det er godt blandet. Vend til en smurt og foret 20 cm/8 kageform og bag i en forvarmet ovn ved 160°C/325°F/gasmærke 3 i 1¾ time, indtil den er godt hævet og fast at røre ved.

Havre og Abrikos Frugtkage

Gør en 20 cm/8 i kage

175 g/6 oz/¾ kop smør eller margarine, blødgjort

50 g/2 oz/¼ kop blødt brun farin

30 ml/2 spsk klar honning

3 æg, pisket

175 g/6 oz/¼ kopper fuldkornsmel (fuldhvede).

50 g/2 oz/½ kop havremel

10 ml/2 tsk bagepulver

250 g/9 oz/1½ kopper tørret blandet frugt (frugtkageblanding)

50 g/2 oz/1/3 kop spiseklare tørrede abrikoser, hakket

Revet skal og saft af 1 citron

Rør smør eller margarine og sukker med honningen til det er let og luftigt. Pisk gradvist æggene i skiftevis med mel og bagepulver. Rør den tørrede frugt og citronsaft og skal i. Hæld i en smurt og beklædt 20 cm/8 kageform (pande) og bag i en forvarmet ovn ved 180°C/350°F/gasmærke 4 i 1 time. Reducer ovntemperaturen til 160°C/325°F/gasmærke 3 og bag i yderligere 30 minutter, indtil et spyd, der er sat i midten, kommer rent ud. Dæk toppen med bagepapir, hvis kagen begynder at brune for hurtigt.

Frugtkage natten over

Gør en 20 cm/8 i kage

450 g/1 lb/4 kopper almindeligt (all-purpose) mel

225 g/8 oz/11/3 kopper ribs

225 g/8 oz/11/3 kopper sultanas (gyldne rosiner)

225 g/8 oz/1 kop blødt brun farin

50 g/2 oz/1/3 kop hakket blandet (kandiseret) skræl

175 g/6 oz/¾ kop spæk (afkortning)

15 ml/1 spsk gylden (lys majs) sirup

10 ml/2 tsk bicarbonat sodavand (bagepulver)

15 ml/1 spsk mælk

300 ml/½ pt/1¼ kopper vand

Bland mel, frugt, sukker og skræl sammen. Smelt spæk og sirup sammen og rør i blandingen. Opløs sodavandets bikarbonat i mælken og rør i kageblandingen med vandet. Hæld i en smurt 20 cm/8 kagedåse, dæk til og lad stå natten over.

Bag kagen i en forvarmet ovn ved 160°C/375°F/gasmærke 3 i 1¾ time, indtil et spyd, der stikkes i midten, kommer rent ud.

Rosin og krydderkage

Gør et 900 g/2 lb brød

225 g/8 oz/1 kop blødt brun farin

300 ml/½ pt/1¼ kopper vand

100 g/4 oz/½ kop smør eller margarine

15 ml/1 spsk sort sirup (melasse)

175 g/6 oz/1 kop rosiner

5 ml/1 tsk stødt kanel

2. 5 ml/½ tsk revet muskatnød

2,5 ml/½ tsk allehånde

225 g/8 oz/2 kopper almindeligt (all-purpose) mel

5 ml/1 tsk bagepulver

5 ml/1 tsk bicarbonat sodavand (bagepulver)

Smelt sukker, vand, smør eller margarine, sirup, rosiner og krydderier i en lille gryde ved middel varme under konstant omrøring. Bring det i kog og lad det simre i 5 minutter. Fjern fra varmen og pisk de resterende ingredienser i. Hæld blandingen i en smurt og foret brødform på 900 g/2 lb og bag i en forvarmet ovn ved 180°C/350°F/gasmærke 4 i 50 minutter, indtil et spyd, der er sat i midten, kommer rent ud.

Richmond kage

Gør en 15 cm/6 i kage

225 g/8 oz/2 kopper almindeligt (all-purpose) mel

En knivspids salt

75 g/3 oz/1/3 kop smør eller margarine

100 g/4 oz/½ kop caster (superfint) sukker

2,5 ml/½ tsk bagepulver

100 g/4 oz/2/3 kop ribs

2 æg, pisket

Lidt mælk

Kom mel og salt i en skål og gnid smør eller margarine i, indtil blandingen minder om brødkrummer. Rør sukker, bagepulver og ribs i. Tilsæt æggene og nok mælk til at blive blandet til en stiv dej. Vend i en smurt og beklædt 15 cm/6 i kageform. Bag i en forvarmet ovn ved 190°C/375°F/gasmærke 5 i ca. 45 minutter, indtil et spyd, der stikkes i midten, kommer rent ud. Lad afkøle på en rist.

Safran Frugtkage

Laver to 450 g/1 lb kager

2,5 ml/½ tsk safran tråde

Varmt vand

15 g/½ oz frisk gær eller 20 ml/4 tsk tørret gær

900 g/2 lb/8 kopper almindeligt (all-purpose) mel

225 g/8 oz/1 kop caster (superfint) sukker

2,5 ml/½ tsk malet blandet (æbletærte) krydderi

En knivspids salt

100 g/4 oz/½ kop spæk (afkortning)

100 g/4 oz/½ kop smør eller margarine

300 ml/½ pt/1¼ kopper varm mælk

350 g/12 oz/2 kopper tørret blandet frugt (frugtkageblanding)

50 g/2 oz/1/3 kop hakket blandet (kandiseret) skræl

Hak safranstrengene og læg dem i blød i 45 ml/3 spsk varmt vand natten over.

Bland gæren med 30 ml/2 spsk af melet, 5 ml/1 tsk af sukkeret og 75 ml/5 spsk varmt vand og lad det stå et lunt sted i 20 minutter, indtil det er skummende.

Bland det resterende mel og sukker sammen med krydderi og salt. Gnid spæk og smør eller margarine i, indtil blandingen ligner brødkrummer, og lav derefter en fordybning i midten. Tilsæt gærblandingen, safran- og safranvæsken, den varme mælk, frugt og blandet skræl og bland til en blød dej. Læg den i en oliesmurt skål, dæk med husholdningsfilm (plastfolie) og lad den stå et lunt sted i 3 timer.

Form til to brød, læg dem i to smurte 450 g/1 lb-brødforme og bag dem i en forvarmet ovn ved 220°C/450°F/gasmærke 7 i 40 minutter, indtil de er gennemhævet og gyldenbrune.

Sodafrugtkage

Gør en 450 g/1 lb kage

225 g/8 oz/2 kopper almindeligt (all-purpose) mel

1,5 ml/¼ tsk salt

En knivspids bicarbonat sodavand (bagepulver)

50 g/2 oz/¼ kop smør eller margarine

50 g/2 oz/¼ kop caster (superfint) sukker

100 g/4 oz/2/3 kop tørret blandet frugt (frugtkageblanding)

150 ml/¼ pt/2/3 kop sur mælk eller mælk med 5 ml/1 tsk citronsaft

5 ml/1 tsk sort sirup (melasse)

Bland mel, salt og sodavand i en skål. Gnid smør eller margarine i, indtil blandingen ligner brødkrummer. Rør sukker og frugt i og bland godt. Varm mælken og sirupen op, indtil siruplen er smeltet, tilsæt derefter de tørre ingredienser og bland til en stiv dej. Hæld i en smurt 450 g/1 lb brødform og bag i en forvarmet ovn ved 190°C/375°F/gasmærke 5 i ca. 45 minutter, indtil de er gyldne.

Hurtig frugtkage

Gør en 20 cm/8 i kage

450 g/1 lb/22/3 kopper blandet tørret frugt (frugtkageblanding)

225 g/8 oz/1 kop blødt brun farin

100 g/4 oz/½ kop smør eller margarine

150 ml/¼ pt/2/3 kop vand

2 æg, pisket

225 g/8 oz/2 kopper selvhævende (selvhævende) mel

Bring frugt, sukker, smør eller margarine og vand i kog, læg låg på og lad det simre forsigtigt i 15 minutter. Lad afkøle. Pisk æg og mel i, hæld derefter blandingen i en smurt og foret 20 cm/8 kageform og bag i en forvarmet ovn ved 150°C/300°F/gasmærke 3 i 1½ time, indtil den er brunet på toppen og krymper. væk fra siderne af dåsen.

Varm te frugtkage

Gør en 900 g/2 lb kage

450 g/1 lb/2½ kopper tørret blandet frugt (frugtkageblanding)

300 ml/½ pt/1¼ kopper varm sort te

350 g/10 oz/1¼ kopper blødt brun farin

350 g/10 oz/2½ kopper selvhævende (selvhævende) mel

1 æg, pisket

Læg frugten i den varme te og lad den trække natten over. Rør sukker, mel og æg i og vend i en smurt og foret 900 g/2 lb brødform (pande). Bages i en forvarmet ovn ved 160°C/325°F/gasmærke 3 i 2 timer, indtil de er gennemhævet og gyldenbrune.

Kold te frugtkage

Gør en 15 cm/6 i kage

100 g/4 oz/½ kop smør eller margarine

225 g/8 oz/11/3 kopper tørret blandet frugt (frugtkageblanding)

250 ml/8 fl oz/1 kop kold sort te

225 g/8 oz/2 kopper selvhævende (selvhævende) mel

100 g/4 oz/½ kop caster (superfint) sukker

5 ml/1 tsk bicarbonat sodavand (bagepulver)

1 stort æg

Smelt smør eller margarine i en gryde, tilsæt frugt og te og bring det i kog. Lad det simre i 2 minutter, og lad det derefter køle af. Rør de resterende ingredienser i og bland godt. Hæld i en smurt og foret 15 cm/6 kageform og bag i en forvarmet ovn ved 160°C/325°F/gasmærke 3 i 1¼-1½ time, indtil den er fast at røre ved. Lad det køle af, server derefter skåret i skiver og smør på.

Sukkerfri frugtkage

Gør en 20 cm/8 i kage

4 tørrede abrikoser

60 ml/4 spsk appelsinjuice

250 ml/8 fl oz/1 kop stout

100 g/4 oz/2/3 kop sultanas (gyldne rosiner)

100 g/4 oz/2/3 kop rosiner

50 g/2 oz/¼ kop ribs

50 g/2 oz/¼ kop smør eller margarine

225 g/8 oz/2 kopper selvhævende (selvhævende) mel

75 g/3 oz/¾ kop hakkede blandede nødder

10 ml/2 tsk malet blandet (æbletærte) krydderi

5 ml/1 tsk instant kaffepulver

3 æg, let pisket

15 ml/1 spsk brandy eller whisky

Udblød abrikoserne i appelsinjuice, indtil de er bløde, og hak derefter. Kom i en gryde med stout, tørret frugt og smør eller margarine, bring det i kog, og lad det simre i 20 minutter. Lad afkøle.

Bland mel, nødder, krydderi og kaffe sammen. Blend stoutblandingen, æg og brandy eller whisky i. Hæld blandingen i en smurt og foret 20 cm/8 kageform og bag i en forvarmet ovn ved 180°C/350°F/gasmærke 4 i 20 minutter. Reducer ovntemperaturen til 150°C/300°F/gasmærke 2 og bag i yderligere 1½ time, indtil et spyd, der er indsat i midten, kommer rent ud. Dæk toppen med fedtfast (vokset) papir mod slutningen af tilberedningstiden, hvis den er overbrun. Lad den køle af i formen i

10 minutter, inden den vendes ud på en rist for at afslutte afkølingen.

Små frugtkager

Gør 48

100 g/4 oz/½ kop smør eller margarine, blødgjort

225 g/8 oz/1 kop blødt brun farin

2 æg, let pisket

175 g/6 oz/1 kop udstenede (udstenede) dadler, hakket

50 g/2 oz/½ kop hakkede blandede nødder

15 ml/1 spsk revet appelsinskal

225 g/8 oz/2 kopper almindeligt (all-purpose) mel

5 ml/1 tsk bicarbonat sodavand (bagepulver)

2,5 ml/½ tsk salt

150 ml/¼ pt/2/3 kop kærnemælk

6 glacé (kandiserede) kirsebær, skåret i skiver

Orange frugtkage glasur

Pisk smør eller margarine og sukker til det er lyst og luftigt. Pisk æggene i lidt ad gangen. Rør dadler, nødder og appelsinskal i. Bland mel, bikarbonat af sodavand og salt sammen. Tilsæt til blandingen skiftevis med kærnemælken og pisk indtil godt blandet. Hæld i smurte 5 cm/2 muffinsforme og pynt med kirsebærene. Bag i en forvarmet ovn ved 190°C/375°F/gasmærke 5 i 20 minutter, indtil et spyd indsat i midten kommer rent ud. Overfør til en rist og lad den være lige varm, og pensl derefter med orange glasur.

Eddike frugtkage

Gør en 23 cm/9 i kage

225 g/8 oz/1 kop smør eller margarine

450 g/1 lb/4 kopper almindeligt (all-purpose) mel

225 g/8 oz/11/3 kopper sultanas (gyldne rosiner)

100 g/4 oz/2/3 kop rosiner

100 g/4 oz/2/3 kop ribs

225 g/8 oz/1 kop blødt brun farin

5 ml/1 tsk bicarbonat sodavand (bagepulver)

300 ml/½ pt/1¼ kopper mælk

45 ml/3 spsk malteddike

Gnid smørret eller margarinen ind i melet, indtil blandingen minder om brødkrummer. Rør frugt og sukker i og lav en fordybning i midten. Bland bikarbonat af sodavand, mælk og eddike sammen - blandingen vil skumme. Rør i de tørre ingredienser, indtil det er godt blandet. Hæld blandingen i en smurt og beklædt 23 cm/9 kageform (pande) og bag i en forvarmet ovn ved 200°C/400°F/gasmærke 6 i 25 minutter. Reducer ovntemperaturen til 160°C/325°F/gasmærke 3 og bag i yderligere 1½ time, indtil den er gylden og fast at røre ved. Lad den køle af i formen i 5 minutter, og vend den ud på en rist for at afslutte afkølingen.

Virginia Whisky kage

Gør en 450 g/1 lb kage

100 g/4 oz/½ kop smør eller margarine, blødgjort

50 g/2 oz/¼ kop caster (superfint) sukker

3 æg, adskilt

175 g/6 oz/1½ kopper almindeligt (all-purpose) mel

5 ml/1 tsk bagepulver

En knivspids revet muskatnød

En knivspids malet mace

120 ml/4 fl oz/½ kop port

30 ml/2 spsk brandy

100 g/4 oz/2/3 kop tørret blandet frugt (frugtkageblanding)

120 ml/4 fl oz/½ kop whisky

Rør smør og sukker sammen til det er glat. Bland æggeblommerne i. Bland mel, bagepulver og krydderier sammen og rør i blandingen. Rør portvin, brandy og tørret frugt i. Pisk æggehviderne, indtil de danner bløde toppe, og vend dem derefter i blandingen. Hæld i en smurt 450 g/1 lb brødform og bag i en forvarmet ovn ved 160°C/325°F/gasmærke 3 i 1 time, indtil et spyd, der er sat i midten, kommer rent ud. Lad den køle af i formen, hæld derefter whiskyen over kagen og lad den stå i formen i 24 timer inden udskæring.

walisisk frugtkage

Gør en 23 cm/9 i kage

50 g/2 oz/¼ kop smør eller margarine

50 g/2 oz/¼ kop spæk (afkortning)

225 g/8 oz/2 kopper almindeligt (all-purpose) mel

En knivspids salt

10 ml/2 tsk bagepulver

100 g/4 oz/½ kop demerara sukker

175 g/6 oz/1 kop tørret blandet frugt (frugtkageblanding)

Revet skal og saft af ½ citron

1 æg, let pisket

30 ml/2 spsk mælk

Gnid smør eller margarine og spæk ind i mel, salt og bagepulver, indtil blandingen minder om brødkrummer. Rør sukker, frugt og citronskal og saft i, bland derefter æg og mælk i og ælt til en blød dej. Form til en smurt og beklædt 23 cm/9 i firkantet bageform og bag i en forvarmet ovn ved 200°C/400°F/gasmærke 6 i 20 minutter, indtil den er hævet og gyldenbrun.

Hvid frugtkage

Gør en 23 cm/9 i kage

100 g/4 oz/½ kop smør eller margarine, blødgjort

225 g/8 oz/1 kop caster (superfint) sukker

5 æg, let pisket

350 g/12 oz/2 kopper tørret blandet frugt

350 g/12 oz/2 kopper sultanas (gyldne rosiner)

100 g/4 oz/2/3 kop udstenede (udstenede) dadler, hakket

100 g/4 oz/½ kop glacé (kandiserede) kirsebær, hakket

100 g/4 oz/½ kop glacé (kandiseret) ananas, hakket

100 g/4 oz/1 kop hakkede blandede nødder

225 g/8 oz/2 kopper almindeligt (all-purpose) mel

10 ml/2 tsk bagepulver

2,5 ml/½ tsk salt

60 ml/4 spsk ananasjuice

Pisk smør eller margarine og sukker sammen til det er lyst og luftigt. Tilsæt gradvist æggene, pisk godt efter hver tilsætning. Bland al frugten, nødderne og lidt af melet sammen, indtil ingredienserne er godt dækket af mel. Bland bagepulver og salt i det resterende mel, og rør det derefter i æggeblandingen skiftevis med ananasjuice, indtil det er jævnt blandet. Rør frugten i og bland godt. Hæld i en smurt og beklædt 23 cm/9 kageform og bag i en forvarmet ovn ved 140°C/275°F/gasmærke 1 i ca. 2½ time, indtil et spyd, der er sat i midten, kommer rent ud. Lad den køle af i formen i 10 minutter, inden den vendes ud på en rist for at afslutte afkølingen.

Æblekage

Gør en 20 cm/8 i kage

175 g/6 oz/1½ kopper selvhævende (selvhævende) mel

5 ml/1 tsk bagepulver

En knivspids salt

150 g/5 oz/2/3 kop smør eller margarine

150 g/5 oz/2/3 kop strøsukker (superfint).

1 æg, pisket

175 ml/6 fl oz/¾ kop mælk

3 spise (dessert) æbler, skrællet, udkernet og skåret i skiver

2,5 ml/½ tsk stødt kanel

15 ml/1 spsk klar honning

Bland mel, bagekraft og salt sammen. Gnid smør eller margarine i, indtil blandingen ligner brødkrummer, og rør derefter sukkeret i. Bland æg og mælk i. Hæld blandingen i en smurt og beklædt 20 cm/8 kagedåse (form) og tryk æbleskiverne forsigtigt ned i toppen. Drys med kanel og dryp med honning. Bages i en forvarmet ovn ved 200°C/400°F/gasmærke 6 i 45 minutter, indtil den er gylden og fast at røre ved.

Sprødtoppet krydret æblekage

Gør en 20 cm/8 i kage

75 g/3 oz/1/3 kop smør eller margarine

175 g/6 oz/1½ kopper selvhævende (selvhævende) mel

50 g/2 oz/¼ kop caster (superfint) sukker

1 æg

75 ml/5 spsk vand

3 spise (dessert) æbler, skrællet, udkernet og skåret i tern

Til toppingen:

75 g/3 oz/1/3 kop demerara sukker

10 ml/2 tsk stødt kanel

25 g/1 oz/2 spsk smør eller margarine

Gnid smørret eller margarinen ind i melet, indtil blandingen minder om brødkrummer. Rør sukkeret i, og bland derefter æg og vand i til en blød dej. Tilsæt lidt mere vand, hvis blandingen er for tør. Fordel dejen i en 20 cm/8 i kagedåse (form) og tryk æblerne ned i dejen. Drys demerarasukker og kanel med og drys med smør eller margarine. Bages i en forvarmet ovn ved 180°C/350°F/gasmærke 4 i 30 minutter, indtil den er gyldenbrun og fast at røre ved.

Amerikansk æblekage

Gør en 20 cm/8 i kage

50 g/2 oz/¼ kop smør eller margarine, blødgjort

225 g/8 oz/1 kop blødt brun farin

1 æg, let pisket

5 ml/1 tsk vaniljeessens (ekstrakt)

100 g/4 oz/1 kop almindeligt (all-purpose) mel

2,5 ml/½ tsk bagepulver

2,5 ml/½ tsk bikarbonatsodavand (bagepulver)

2,5 ml/½ tsk salt

2,5 ml/½ tsk stødt kanel

2,5 ml/½ tsk revet muskatnød

450 g/1 lb spiseæbler (dessert), skrællede, udkernede og skåret i tern

25 g/1 oz/¼ kop mandler, hakkede

Pisk smør eller margarine og sukker til det er lyst og luftigt. Pisk gradvist æg og vaniljeessens i. Bland mel, bagepulver, sodavand, salt og krydderier sammen og pisk i blandingen, indtil det er blandet. Rør æbler og nødder i. Hæld i en smurt og beklædt 20 cm/8 firkantet bageform og bag i en forvarmet ovn ved 180°C/350°F/gasmærke 4 i 45 minutter, indtil et spyd, der er sat i midten, kommer rent ud.

Æblepuré kage

Gør en 900 g/2 lb kage

100 g/4 oz/½ kop smør eller margarine, blødgjort

225 g/8 oz/1 kop blødt brun farin

2 æg, let pisket

225 g/8 oz/2 kopper almindeligt (all-purpose) mel

5 ml/1 tsk stødt kanel

2,5 ml/½ tsk revet muskatnød

100 g/4 oz/1 kop æblemos (sauce)

5 ml/1 tsk bicarbonat sodavand (bagepulver)

30 ml/2 spsk varmt vand

Pisk smør eller margarine og sukker sammen til det er lyst og luftigt. Bland gradvist æggene i. Rør mel, kanel, muskatnød og æblemos i. Bland bikarbonaten af sodavand med det varme vand og rør det i blandingen. Hæld i en smurt 900 g/2 lb brødform og bag i en forvarmet ovn ved 180°C/350°F/gasmærke 4 i 1¼ time, indtil et spyd, der er indsat i midten, kommer rent ud.

Cider æblekage

Gør en 20 cm/8 i kage

100 g/4 oz/½ kop smør eller margarine, blødgjort

150 g/5 oz/2/3 kop strøsukker (superfint).

3 æg

225 g/8 oz/2 kopper selvhævende (selvhævende) mel

5 ml/1 tsk malet blandet (æbletærte) krydderi

5 ml/1 tsk bicarbonat sodavand (bagepulver)

5 ml/1 tsk bagepulver

150 ml/¼ pt/2/3 kop tør cider

2 kogte (tærte) æbler, skrællet, udkernet og skåret i skiver

75 g/3 oz/1/3 kop demerara sukker

100 g/4 oz/1 kop hakkede blandede nødder

Blend smør eller margarine, sukker, æg, mel, krydderi, sodavand, bagepulver og 120 ml/½ kop cider, indtil det er godt blandet, tilsæt eventuelt den resterende cider for at skabe en jævn dej. Hæld halvdelen af blandingen i en smurt og beklædt 20 cm/8 kagedåse og dæk med halvdelen af æbleskiverne. Bland sukker og nødder sammen og fordel halvdelen over æblerne. Hæld den resterende kageblanding i og top med de resterende æbler og resten af sukker- og nøddeblandingen. Bages i en forvarmet ovn ved 180°C/350°F/gasmærke 4 i 1 time, indtil den er gyldenbrun og fast at røre ved.

Æble- og kanelkage

Gør en 23 cm/9 i kage

100 g/4 oz/½ kop smør eller margarine

100 g/4 oz/½ kop caster (superfint) sukker

1 æg, let pisket

100 g/4 oz/1 kop almindeligt (all-purpose) mel

5 ml/1 tsk bagepulver

30 ml/2 spsk mælk (valgfrit)

2 store kogte (tærte) æbler, skrællet, udkeret og skåret i skiver

30 ml/2 spsk flormelis (superfint) sukker

5 ml/1 tsk stødt kanel

25 g/1 oz/¼ kop mandler, hakkede

30 ml/2 spsk demerara sukker

Pisk smør eller margarine og sukker sammen til det er lyst og luftigt. Pisk gradvist ægget i, og vend derefter mel og bagepulver i. Blandingen skal være ret stiv; hvis den er for stiv røres lidt mælk i. Hæld halvdelen af blandingen i en smurt og foret 23 cm/9 i løsbundet kagedåse (form). Arranger æbleskiverne ovenpå. Bland sukker og kanel sammen og drys med mandlerne over æblerne. Top med den resterende kageblanding og drys med demerara sukker. Bag i en forvarmet ovn ved 180°C/350°F/gasmærke 4 i 30-35 minutter, indtil et spyd, der er indsat i midten, kommer rent ud.

Spansk æblekage

Gør en 23 cm/9 i kage

175 g/6 oz/¾ kop smør eller margarine

6 Cox's spise (dessert) æbler, skrællet, udkernet og skåret i stykker

30 ml/2 spsk æblebrændevin

175 g/6 oz/¾ kop strøsukker (superfint).

150 g/5 oz/1¼ kopper almindeligt (all-purpose) mel

10 ml/2 tsk bagepulver

5 ml/1 tsk stødt kanel

3 æg, let pisket

45 ml/3 spsk mælk

Til glasuren:

60 ml/4 spsk abrikosmarmelade (konserver), sigtet (sigtet)

15 ml/1 spsk æblebrændevin

5 ml/1 tsk majsmel (majsstivelse)

10 ml/2 tsk vand

Smelt smørret eller margarinen i en stor stegepande og steg æblestykkerne ved svag varme i 10 minutter under omrøring én gang for at dække smørret. Fjern fra varmen. Hak en tredjedel af æblerne og tilsæt æblebrændevinen, bland derefter sukker, mel, bagepulver og kanel i. Tilsæt æg og mælk og hæld blandingen i en smurt og meldrysset 23 cm/9 i løsbundet kagedåse (form). Arranger de resterende æbleskiver ovenpå. Bag i en forvarmet ovn ved 180°C/350°F/gasmærke 4 i 45 minutter, indtil den er gennemhævet og gyldenbrun og begynder at krympe væk fra formens sider.

For at lave glasuren skal du varme marmelade og brandy sammen. Bland majsmelet til en pasta med vandet og rør i marmelade og brandy. Kog i et par minutter under omrøring, indtil det er klart. Pensl den varme kage over og lad den køle af i 30 minutter. Fjern siderne af kageformen, varm glasuren op igen, og pensl over en anden gang. Lad afkøle.

Æble og Sultana kage

Gør en 20 cm/8 i kage

350 g/12 oz/3 kopper selvhævende (selvhævende) mel

En knivspids salt

2,5 ml/½ tsk stødt kanel

225 g/8 oz/1 kop smør eller margarine

175 g/6 oz/¾ kop strøsukker (superfint).

100 g/4 oz/2/3 kop sultanas (gyldne rosiner)

450 g/1 lb kogte (tærte) æbler, skrællet, udkernet og finthakket

2 æg

Lidt mælk

Bland mel, salt og kanel sammen, og gnid derefter smør eller margarine i, indtil blandingen ligner brødkrummer. Rør sukkeret i. Lav en brønd i midten og tilsæt sultanas, æbler og æg og bland godt, tilsæt lidt mælk for at lave en stiv blanding. Hæld i en smurt 20 cm/8 kageform og bag i en forvarmet ovn ved 180°C/350°F/gasmærke 4 i ca. 1½-2 timer, indtil den er fast at røre ved. Serveres varm eller kold.

Æble kage på hovedet

Gør en 23 cm/9 i kage

2 spise (dessert) æbler, skrællet, udkernet og skåret i tynde skiver

75 g/3 oz/1/3 kop blødt brun farin

45 ml/3 spsk rosiner

30 ml/2 spsk citronsaft

Til kagen:

200 g/7 oz/1¾ kopper almindeligt (all-purpose) mel

50 g/2 oz/¼ kop caster (superfint) sukker

10 ml/2 tsk bagepulver

5 ml/1 tsk bicarbonat sodavand (bagepulver)

5 ml/1 tsk stødt kanel

En knivspids salt

120 ml/4 fl oz/½ kop mælk

50 g/2 oz/½ kop æblemos (sauce)

75 ml/5 spsk olie

1 æg, let pisket

5 ml/1 tsk vaniljeessens (ekstrakt)

Bland æbler, sukker, rosiner og citronsaft sammen og læg dem i bunden af en smurt 23 cm/9 kagedåse. Bland de tørre ingredienser til kagen og lav en fordybning i midten. Bland mælk, æblemos, olie, æg og vaniljeessens sammen og rør i de tørre ingredienser, indtil det lige er blandet. Hæld i kageformen og bag i en forvarmet ovn ved 180°C/350°F/gasmærke 4 i 40 minutter, indtil kagen er gylden og krymper væk fra siderne af formen. Lad det køle af i formen i 10 minutter, og vend derefter forsigtigt på en tallerken. Serveres varm eller kold.

Abrikosbrødskage

Gør et 900 g/2 lb brød

225 g/8 oz/1 kop smør eller margarine, blødgjort

225 g/8 oz/1 kop caster (superfint) sukker

2 æg, godt pisket

6 modne abrikoser, udstenede (udstenede), flåede og mosede

300 g/11 oz/2¾ kopper almindeligt (all-purpose) mel

5 ml/1 tsk bicarbonat sodavand (bagepulver)

En knivspids salt

75 g/3 oz/¾ kop mandler, hakkede

Bland smør eller margarine og sukker sammen. Pisk gradvist æggene i, og rør derefter abrikoserne i. Pisk mel, bikarbonat af sodavand og salt i. Rør nødderne i. Hæld i en smurt og meldrysset brødform på 900 g/2 lb og bag i en forvarmet ovn ved 180°C/350°F/gasmærke 4 i 1 time, indtil et spyd, der er sat i midten, kommer rent ud. Lad den køle af i formen, inden den tages ud.

Abrikos og ingefær kage

Gør en 18 cm/7 i kage

100 g/4 oz/1 kop selvhævende (selvhævende) mel

100 g/4 oz/½ kop blødt brun farin

10 ml/2 tsk malet ingefær

100 g/4 oz/½ kop smør eller margarine, blødgjort

2 æg, let pisket

100 g/4 oz/2/3 kop spiseklare tørrede abrikoser, hakket

50 g/2 oz/1/3 kop rosiner

Pisk mel, sukker, ingefær, smør eller margarine og æg sammen til en blød blanding. Rør abrikoser og rosiner i. Hæld blandingen i en smurt og beklædt 18 cm/7 kageform og bag den i en forvarmet ovn ved 180°C/350°F/gasmærke 4 i 30 minutter, indtil et spyd, der er sat i midten, kommer rent ud.

Bedugget abrikoskage

Gør en 20 cm/8 i kage

120 ml/4 fl oz/½ kop brandy eller rom

120 ml/4 fl oz/½ kop appelsinjuice

225 g/8 oz/11/3 kopper spiseklare tørrede abrikoser, hakket

100 g/4 oz/2/3 kop sultanas (gyldne rosiner)

175 g/6 oz/¾ kop smør eller margarine, blødgjort

45 ml/3 spsk klar honning

4 æg, adskilt

175 g/6 oz/1½ kopper selvhævende (selvhævende) mel

10 ml/2 tsk bagepulver

Bring brandy eller rom og appelsinjuice i kog med abrikoser og sultanas. Rør godt rundt, tag derefter af varmen og lad det stå, indtil det er afkølet. Bland smør eller margarine og honning sammen, og bland derefter gradvist æggeblommerne i. Vend mel og bagepulver i. Pisk æggehviderne stive, og vend dem derefter forsigtigt i blandingen. Hæld i en smurt og foret 20 cm/8 kageform og bag i en forvarmet ovn ved 180°C/350°F/gasmærke 4 i 1 time, indtil et spyd, der er sat i midten, kommer rent ud. Lad det køle af i formen.

Banan kage

Gør en 23 x 33 cm/9 x 13 i kage

4 modne bananer, mosede

2 æg, let pisket

350 g/12 oz/1½ kopper strøsukker (superfint).

120 ml/4 fl oz/½ kop olie

5 ml/1 tsk vaniljeessens (ekstrakt)

50 g/2 oz/½ kop hakkede blandede nødder

225 g/8 oz/2 kopper almindeligt (all-purpose) mel

10 ml/2 tsk bicarbonat sodavand (bagepulver)

5 ml/1 tsk salt

Bland bananer, æg, sukker, olie og vanilje sammen. Tilsæt de resterende ingredienser og rør, indtil det lige er blandet. Hæld i en 23 x 33 cm/9 x 13 i kagedåse (pande) og bag i en forvarmet ovn ved 180°C/350°F/gasmærke 4 i 45 minutter, indtil et spyd, der er indsat i midten, kommer rent ud.

Banankage med sprød top

Gør en 23 cm/9 i kage

100 g/4 oz/½ kop smør eller margarine, blødgjort

300 g/11 oz/11/3 kopper strøsukker (superfint).

2 æg, let pisket

175 g/6 oz/1½ kopper almindeligt (all-purpose) mel

2,5 ml/½ tsk salt

1,5 ml/½ tsk revet muskatnød

5 ml/1 tsk bicarbonat sodavand (bagepulver)

75 ml/5 spsk mælk

Et par dråber vaniljeessens (ekstrakt)

4 bananer, mosede

Til toppingen:

50 g/2 oz/¼ kop demerara sukker

50 g/2 oz/2 kopper cornflakes, knust

2,5 ml/½ tsk stødt kanel

25 g/1 oz/2 spsk smør eller margarine

Pisk smør eller margarine og sukker sammen til det er lyst og luftigt. Pisk gradvist æggene i, og vend derefter mel, salt og muskatnød i. Bland bikarbonaten af sodavand i mælken og vaniljeessensen og rør i blandingen med bananerne. Hæld i en smurt og foret 23 cm/9 i firkantet kageform (form).

For at lave toppingen, bland sukker, cornflakes og kanel sammen og gnid smør eller margarine i. Drys over kagen og bag den i en forvarmet ovn ved 180°C/350°F/gasmærke 4 i 45 minutter, indtil den er fast at røre ved.

Banansvamp

Gør en 23 cm/9 i kage

100 g/4 oz/½ kop smør eller margarine, blødgjort

100 g/4 oz/½ kop caster (superfint) sukker

2 æg, pisket

2 store modne bananer, mosede

225 g/8 oz/1 kop selvhævende (selvhævende) mel

45 ml/3 spsk mælk

Til fyld og topping:

225 g/8 oz/1 kop flødeost

30 ml/2 spsk syrnet (mejerisyre) fløde

100 g/4 oz tørrede bananchips

Rør smør eller margarine og sukker sammen, indtil det er lyst og luftigt. Tilsæt gradvist æggene, og rør derefter bananerne og melet i. Bland mælken i, indtil blandingen har en dryppende konsistens. Hæld i en smurt og foret 23 cm/9 kageform og bag i en forvarmet ovn ved 180°C/350°F/gasmærke 4 i ca. 30 minutter, indtil et spyd, der er sat i midten, kommer rent ud. Vend ud på en rist og lad afkøle, og skær derefter i halve vandret.

For at lave toppingen, pisk flødeost og cremefraiche sammen og brug halvdelen af blandingen til at klemme de to halvdele af kagen sammen. Fordel den resterende blanding ovenpå og pynt med bananchips.

Fiberrig banankage

Gør en 18 cm/7 i kage

100 g/4 oz/½ kop smør eller margarine, blødgjort

50 g/2 oz/¼ kop blødt brun farin

2 æg, let pisket

100 g/4 oz/1 kop fuldkornsmel (fuldhvede).

10 ml/2 tsk bagepulver

2 bananer, mosede

Til fyldet:
225 g/8 oz/1 kop ostemasse (glat hytte) ost

5 ml/1 tsk citronsaft

15 ml/1 spsk klar honning

1 banan, skåret i skiver

Flormelis (konditor), sigtet, til aftørring

Pisk smør eller margarine og sukker sammen til det er lyst og luftigt. Pisk gradvist æggene i, og vend derefter mel og bagepulver i. Rør forsigtigt bananerne i. Hæld blandingen i to smurte og beklædte 18 cm/7 i kageforme (forme) og bag i en forvarmet ovn i 30 minutter, indtil den er fast at røre ved. Lad afkøle.

For at lave fyldet piskes flødeost, citronsaft og honning sammen og fordeles over en af kagerne. Arranger bananskiverne ovenpå, og dæk derefter med den anden kage. Server drysset med flormelis.

Banan og citron kage

Gør en 18 cm/7 i kage

100 g/4 oz/½ kop smør eller margarine, blødgjort

175 g/6 oz/¾ kop strøsukker (superfint).

2 æg, let pisket

225 g/8 oz/2 kopper selvhævende (selvhævende) mel

2 bananer, mosede

Til fyld og topping:

75 ml/5 spsk lemon curd

2 bananer, skåret i skiver

45 ml/3 spsk citronsaft

100 g/4 oz/2/3 kop flormelis (konditorsukker), sigtet

Pisk smør eller margarine og sukker sammen til det er lyst og luftigt. Pisk gradvist æggene i, pisk godt efter hver tilsætning, og vend derefter mel og bananer i. Hæld blandingen i to smurte og forede 18 cm/7 sandwichforme og bag i en forvarmet ovn ved 180°C/350°F/gasmærke 4 i 30 minutter. Vend ud og lad køle af.

Sandwich kagerne sammen med lemon curd og halvdelen af bananskiverne. Drys de resterende bananskiver med 15 ml/1 spsk citronsaft. Bland den resterende citronsaft med flormelis til en stiv glasur (frosting). Glat glasuren over kagen og pynt med bananskiverne.

Blender Banan Chokoladekage

Gør en 20 cm/8 i kage

225 g/8 oz/2 kopper selvhævende (selvhævende) mel

2,5 ml/½ tsk bagepulver

40 g/1½ oz/3 spsk drikkechokoladepulver

2 æg

60 ml/4 spsk mælk

150 g/5 oz/2/3 kop strøsukker (superfint).

100 g/4 oz/½ kop blød margarine

2 modne bananer, hakket

Bland mel, bagepulver og drikkechokolade sammen. Blend de resterende ingredienser i en blender eller foodprocessor i cirka 20 sekunder – blandingen vil se krumset ud. Hæld i de tørre ingredienser og bland godt. Vend i en smurt og foret 20 cm/8 kageform og bag i en forvarmet ovn ved 180°C/350°F/gasmærke 4 i ca. 1 time, indtil et spyd, der er sat i midten, kommer rent ud. Vend ud på en rist til afkøling.

Banan- og jordnøddekage

Gør en 900 g/2 lb kage

275 g/10 oz/2½ kopper almindeligt (all-purpose) mel

225 g/8 oz/1 kop caster (superfint) sukker

100 g/4 oz/1 kop jordnødder, finthakkede

15 ml/1 spsk bagepulver

En knivspids salt

2 æg, adskilt

6 bananer, mosede

Revet skal og saft af 1 lille citron

50 g/2 oz/¼ kop smør eller margarine, smeltet

Bland mel, sukker, nødder, bagepulver og salt sammen. Pisk æggeblommerne og rør dem i blandingen med bananer, citronskal og saft og smør eller margarine. Pisk æggehviderne stive, og vend dem derefter i blandingen. Hæld i en smurt 900 g/2 lb brødform (pande) og bag i en forvarmet ovn ved 180°C/350°F/gasmærke 4 i 1 time, indtil et spyd, der er indsat i midten, kommer rent ud.

Alt-i-én Banan- og Rosinkage

Gør en 900 g/2 lb kage

450 g/1 lb modne bananer, mosede

50 g/2 oz/½ kop hakkede blandede nødder

120 ml/4 fl oz/½ kop solsikkeolie

100 g/4 oz/2/3 kop rosiner

75 g/3 oz/¾ kop havregryn

150 g/5 oz/1¼ kopper fuldkornsmel (fuldhvede)

1,5 ml/¼ tsk mandelessens (ekstrakt)

En knivspids salt

Bland alle ingredienserne sammen til en blød, fugtig blanding. Hæld i en smurt og foret brødform på 900 g/2 lb og bag i en forvarmet ovn ved 190°C/375°F/gasmærke 5 i 1 time, indtil den er gyldenbrun og et spyd indsat i midten kommer rent ud. . Afkøl i formen i 10 minutter, inden den tages ud.

Banan og whisky kage

Gør en 25 cm/10 i kage

225 g/8 oz/1 kop smør eller margarine, blødgjort

450 g/1 lb/2 kopper blødt brun farin

3 modne bananer, mosede

4 æg, let pisket

175 g/6 oz/1½ kopper pecannødder, groft hakket

225 g/8 oz/11/3 kopper sultanas (gyldne rosiner)

350 g/12 oz/3 kopper almindeligt (all-purpose) mel

15 ml/1 spsk bagepulver

5 ml/1 tsk stødt kanel

2,5 ml/½ tsk malet ingefær

2,5 ml/½ tsk revet muskatnød

150 ml/¼ pint/2/3 kop whisky

Pisk smør eller margarine og sukker sammen til det er lyst og luftigt. Bland bananerne i og pisk derefter æggene gradvist i. Bland nødder og sultanas med en stor skefuld mel, og bland derefter i en separat skål det resterende mel med bagepulver og krydderier. Rør melet i den cremede blanding skiftevis med whiskyen. Vend nødderne og sultanas i. Hæld blandingen i en usmurt 25 cm/10 kageform og bag den i en forvarmet ovn ved 180°C/350°F/gasmærke 4 i 1¼ time, indtil den er elastisk at røre ved. Lad den køle af i formen i 10 minutter, inden den vendes ud på en rist for at afslutte afkølingen.

Blåbær kage

Gør en 23 cm/9 i kage

175 g/6 oz/¾ kop strøsukker (superfint).

60 ml/4 spsk olie

1 æg, let pisket

120 ml/4 fl oz/½ kop mælk

225 g/8 oz/2 kopper almindeligt (all-purpose) mel

10 ml/2 tsk bagepulver

2,5 ml/½ tsk salt

225 g/8 oz blåbær

Til toppingen:

50 g/2 oz/¼ kop smør eller margarine, smeltet

100 g/4 oz/½ kop granuleret sukker

50 g/2 oz/¼ kop almindeligt (all-purpose) mel

2,5 ml/½ tsk stødt kanel

Pisk sukker, olie og æg sammen, indtil det er godt blandet og bleg. Rør mælken i, og bland derefter mel, bagepulver og salt i. Vend blåbærene i. Hæld blandingen i en smurt og meldrysset 23 cm/9 kageform. Bland ingredienserne til toppingen sammen og drys over blandingen. Bag i en forvarmet ovn ved 190°C/375°F/gasmærke 5 i 50 minutter, indtil et spyd indsat i midten kommer rent ud. Serveres varm.

Kirsebær brostenskage

Gør en 900 g/2 lb kage

175 g/6 oz/¾ kop smør eller margarine, blødgjort

175 g/6 oz/¾ kop strøsukker (superfint).

3 æg, pisket

225 g/8 oz/2 kopper almindeligt (all-purpose) mel

2,5 ml/½ tsk bagepulver

100 g/4 oz/2/3 kop sultanas (gyldne rosiner)

150 g/5 oz/2/3 kop glacé (kandiserede) kirsebær, i kvarte

225 g/8 oz friske kirsebær, udstenet (udstenet) og halveret

30 ml/2 spsk abrikosmarmelade (konserver)

Pisk smør eller margarine, indtil det er blødt, og pisk derefter sukkeret i. Bland æggene i, derefter mel, bagepulver, sultanas og glacékirsebær. Hæld i en smurt 900 g/2 lb brødform og bag i en forvarmet ovn ved 160°C/325°F/gasmærke 3 i 2½ time. Lad stå i formen i 5 minutter, og vend derefter ud på en rist for at afslutte afkøling.

Arranger kirsebærene i en række på toppen af kagen. Bring abrikosmarmeladen i kog i en lille gryde, sigt (si) den og pensl over toppen af kagen for at glasere.

Kirsebær og kokos kage

Gør en 20 cm/8 i kage

350 g/12 oz/3 kopper selvhævende (selvhævende) mel

175 g/6 oz/¾ kop smør eller margarine

225 g/8 oz/1 kop glacé (kandiserede) kirsebær, i kvarte

100 g/4 oz/1 kop tørret (revet) kokosnød

175 g/6 oz/¾ kop strøsukker (superfint).

2 store æg, let pisket

200 ml/7 fl oz/små 1 kop mælk

Kom melet i en skål og gnid smør eller margarine i, indtil blandingen minder om brødkrummer. Smid kirsebærene i kokosnødden, tilsæt dem derefter til blandingen med sukkeret og bland det let sammen. Tilsæt æg og det meste af mælken. Pisk godt, tilsæt ekstra mælk, hvis det er nødvendigt for at give en blød dryppende konsistens. Vend i en smurt og beklædt 20 cm/8 kageform. Bages i en forvarmet ovn ved 180°C/350°F/gasmærke 4 i 1½ time, indtil et spyd, der er indsat i midten, kommer rent ud.

Kirsebær og Sultana kage

Gør en 900 g/2 lb kage

100 g/4 oz/½ kop smør eller margarine, blødgjort

100 g/4 oz/½ kop caster (superfint) sukker

3 æg, let pisket

100 g/4 oz/½ kop glacé (kandiserede) kirsebær

350 g/12 oz/2 kopper sultanas (gyldne rosiner)

175 g/6 oz/1½ kopper almindeligt (all-purpose) mel

En knivspids salt

Pisk smør eller margarine og sukker sammen til det er lyst og luftigt. Tilsæt gradvist æggene. Smid kirsebær og sultanas i lidt af melet til at dække, og fold derefter det resterende mel i blandingen med saltet. Rør kirsebær og sultanas i. Hæld blandingen i en smurt og foret brødform på 900 g/2 lb og bag i en forvarmet ovn ved 160°C/325°F/gasmærke 3 i 1½ time, indtil et spyd, der er indsat i midten, kommer rent ud.

Iced kirsebær og valnødde kage

Gør en 18 cm/7 i kage

100 g/4 oz/½ kop smør eller margarine, blødgjort

100 g/4 oz/½ kop caster (superfint) sukker

2 æg, let pisket

15 ml/1 spsk klar honning

150 g/5 oz/1¼ kopper selvhævende (selvhævende) mel

5 ml/1 tsk bagepulver

En knivspids salt

Til dekorationen:
225 g/8 oz/11/3 kopper flormelis (konditorsukker), sigtet

30 ml/2 spsk vand

Et par dråber rød madfarve

4 glacé (kandiserede) kirsebær, halveret

4 valnøddehalvdele

Pisk smør eller margarine og sukker sammen til det er lyst og luftigt. Pisk gradvist æg og honning i, og vend derefter mel, bagepulver og salt i. Hæld blandingen i en smurt og beklædt 18 cm/8 kageform og bag den i en forvarmet ovn ved 190°C/375°F/gasmærke 5 i 20 minutter, indtil den er gennemhævet og fast at røre ved. Lad afkøle.

Kom flormelis i en skål og pisk gradvist nok af vandet i til en smørbar glasur (frosting). Fordel det meste over toppen af kagen. Farv den resterende glasur med et par dråber madfarve, tilsæt lidt mere flormelis, hvis dette gør glasuren for tynd. Sprøjt eller dryp den røde glasur hen over kagen for at dele den i tern, og pynt derefter med glace-kirsebær og valnødder.

Damson kage

Gør en 20 cm/8 i kage

100 g/4 oz/½ kop smør eller margarine, blødgjort

75 g/3 oz/1/3 kop blødt brun farin

2 æg, let pisket

225 g/8 oz/2 kopper selvhævende (selvhævende) mel

450 g/1 lb damsons, udstenet (udstenet) og halveret

50 g/2 oz/½ kop hakkede blandede nødder.

Pisk smør eller margarine og sukker sammen, indtil det er let og luftigt, og tilsæt derefter æggene gradvist, pisk godt efter hver tilsætning. Vend melet og damsonerne i. Hæld blandingen i en smurt og beklædt 20 cm/8 kageform og drys med nødderne. Bages i en forvarmet ovn ved 190°C/375°F/gasmærke 5 i 45 minutter, indtil den er fast at røre ved. Lad den køle af i formen i 10 minutter, inden den vendes ud på en rist for at afslutte afkølingen.

Daddel og valnøddekage

Gør en 23 cm/9 i kage

300 ml/½ pt/1¼ kopper kogende vand

225 g/8 oz/11/3 kopper dadler, udstenede (udstenede) og hakkede

5 ml/1 tsk bicarbonat sodavand (bagepulver)

75 g/3 oz/1/3 kop smør eller margarine, blødgjort

225 g/8 oz/1 kop caster (superfint) sukker

1 æg, pisket

275 g/10 oz/2½ kopper almindeligt (all-purpose) mel

En knivspids salt

2,5 ml/½ tsk bagepulver

50 g/2 oz/½ kop valnødder, hakket

Til toppingen:

50 g/2 oz/¼ kop blødt brun farin

25 g/1 oz/2 spsk smør eller margarine

30 ml/2 spsk mælk

Et par valnøddehalvdele til at dekorere

Kom vand, dadler og sodavand i en skål og lad det stå i 5 minutter. Rør smør eller margarine og sukker sammen, indtil det er blødt, og rør derefter ægget i med vand og dadler. Bland mel, salt og bagepulver sammen, og vend derefter i blandingen med valnødderne. Vend til en smurt og foret 23 cm/9 kageform (pande) og bag i en forvarmet ovn ved 180°C/350°F/gasmærke 4 i 1 time, indtil den er fast. Afkøl på en rist.

For at lave toppingen skal du blande sukker, smør og mælk, indtil det er glat. Fordel over kagen og pynt med valnøddehalvdelene.

Citronkage

Gør en 20 cm/8 i kage

175 g/6 oz/¾ kop smør eller margarine, blødgjort

175 g/6 oz/¾ kop strøsukker (superfint).

2 æg, pisket

225 g/8 oz/2 kopper selvhævende (selvhævende) mel

Saft og revet skal af 1 citron

60 ml/4 spsk mælk

Rør smør eller margarine og 100 g/4 oz/½ kop sukker sammen. Tilsæt æggene lidt ad gangen, og vend derefter mel og revet citronskal i. Rør nok af mælken i til at give en blød konsistens. Vend blandingen i en smurt og foret 20 cm/8 kageform og bag i en forvarmet ovn ved 180°C/350°F/gasmærke 4 i 1 time, indtil den er hævet og gylden. Opløs det resterende sukker i citronsaften. Prik den varme kage over det hele med en gaffel og hæld saftblandingen over. Lad afkøle.

Appelsin og mandelkage

Gør en 20 cm/8 i kage

4 æg, adskilt

100 g/4 oz/½ kop caster (superfint) sukker

Revet skal af 1 appelsin

50 g/2 oz/½ kop mandler, finthakkede

50 g/2 oz/½ kop malede mandler

Til siruppen:

100 g/4 oz/½ kop caster (superfint) sukker

300 ml/½ pt/1¼ kopper appelsinjuice

15 ml/1 spsk appelsinlikør (valgfrit)

1 kanelstang

Pisk æggeblommer, sukker, appelsinskal, mandler og malede mandler sammen. Pisk æggehviderne stive, og vend dem derefter ind i blandingen. Hæld i en smurt og meldrysset 20 cm/8 kageform med løs bund og bag i en forvarmet ovn ved 180°C/350°F/gasmærke 4 i 45 minutter, indtil den er fast at røre ved. Prik det hele med et spyd og lad det køle af.

Opløs imens sukkeret i appelsinjuice og likør, hvis du bruger det ved svag varme med kanelstangen, mens du rører af og til. Bring i kog og kog indtil reduceret til en tynd sirup. Kassér kanelen. Hæld den varme sirup over kagen og lad den trække ind.

Havrebrødskage

Gør en 900 g/2 lb kage

100 g/4 oz/1 kop havregryn

300 ml/½ pt/1¼ kopper kogende vand

100 g/4 oz/½ kop smør eller margarine, blødgjort

225 g/8 oz/1 kop blødt brun farin

225 g/8 oz/1 kop caster (superfint) sukker

2 æg, let pisket

175 g/6 oz/1½ kopper almindeligt (all-purpose) mel

10 ml/2 tsk bagepulver

5 ml/1 tsk bicarbonat sodavand (bagepulver)

5 ml/1 tsk stødt kanel

Læg havregrynene i blød i det kogende vand. Rør smør eller margarine og sukker sammen til det er lyst og luftigt. Pisk æggene gradvist i, og vend derefter mel, bagepulver, sodavand og kanel i. Vend til sidst havregrynblandingen i og rør rundt, indtil det er godt blandet. Hæld i en smurt og foret brødform på 900 g/2 lb og bag i en forvarmet ovn ved 180°C/350°F/gasmærke 4 i ca. 1 time, indtil den er fast at røre ved.

Sharp Frosted Mandarin kage

Gør en 20 cm/8 i kage

175 g/6 oz/3/4 kop blødt kar margarine

250 g/9 oz/generøst 1 kop caster (superfint) sukker

225 g/8 oz/2 kopper selvhævende (selvhævende) mel

5 ml/1 tsk bagepulver

3 æg

Finrevet skal og saft af 1 lille appelsin

300 g/11 oz/1 medium dåse mandarin appelsiner, godt drænet

Finrevet skal og saft af 1/2 citron

Blend margarinen, 175 g/6 oz/3/4 kop sukker, mel, bagepulver, æg, appelsinskal og saft i en foodprocessor eller pisk med en elpisker, indtil glat. Hak mandarinerne groft og fold i. Hæld i en smurt og foret 20 cm/8 kagedåse. Glat overfladen. Bag i en forvarmet ovn ved 180°C/350°F/gasmærke 4 i 1 time og 10 minutter, eller indtil et spyd, der er sat i midten, kommer rent ud. Afkøl i 5 minutter, tag derefter ud af formen og læg på en rist. Bland imens det resterende sukker med citronskal og saft til en pasta. Fordel over toppen og lad det køle af.

Orange kage

Gør en 20 cm/8 i kage

175 g/6 oz/¾ kop smør eller margarine, blødgjort

175 g/6 oz/¾ kop strøsukker (superfint).

2 æg, pisket

225 g/8 oz/2 kopper selvhævende (selvhævende) mel

Saft og revet skal af 1 appelsin

60 ml/4 spsk mælk

Rør smør eller margarine og 100 g/4 oz/½ kop sukker sammen. Tilsæt æggene lidt ad gangen, og vend derefter mel og revet appelsinskal i. Rør nok mælk i til at give en blød konsistens. Vend blandingen i en smurt og beklædt 20 cm/8 kageform og bag den i en forvarmet ovn ved 180°C/350°F/gasmærke 4 i 1 time, indtil den er hævet og gylden. Opløs det resterende sukker i appelsinsaften. Prik den varme kage over det hele med en gaffel og hæld saftblandingen over. Lad afkøle.

Fersken kage

Gør en 23 cm/9 i kage

100 g/4 oz/½ kop smør eller margarine, blødgjort

225 g/8 oz/1 kop caster (superfint) sukker

3 æg, adskilt

450 g/1 lb/4 kopper almindeligt (all-purpose) mel

En knivspids salt

5 ml/1 tsk bicarbonat sodavand (bagepulver)

120 ml/4 fl oz/½ kop mælk

225 g/8 oz/2/3 kop ferskensyltetøj (bevar)

Bland smør eller margarine og sukker sammen. Pisk gradvist æggeblommerne i, og vend derefter mel og salt i. Bland bikarbonaten af sodavand med mælken, bland derefter i kageblandingen efterfulgt af marmeladen. Pisk æggehviderne stive, og vend dem derefter i blandingen. Hæld i to smurte og beklædte 23 cm/9 kageforme og bag dem i en forvarmet ovn ved 180°C/350°F/gasmærke 4 i 25 minutter, indtil de er hævede og fjedrende at røre ved.

Appelsin og Marsala kage

Gør en 23 cm/9 i kage

175 g/6 oz/1 kop sultanas (gyldne rosiner)

120 ml/4 fl oz/½ kop Marsala

175 g/6 oz/¾ kop smør eller margarine, blødgjort

100 g/4 oz/½ kop blødt brun farin

225 g/8 oz/1 kop caster (superfint) sukker

3 æg, let pisket

Finrevet skal af 1 appelsin

5 ml/1 tsk orange blomstervand

275 g/10 oz/2½ kopper almindeligt (all-purpose) mel

10 ml/2 tsk bicarbonat sodavand (bagepulver)

En knivspids salt

375 ml/13 fl oz/1½ kopper kærnemælk

Orange Likør glasur

Læg sultanerne i blød i Marsala natten over.

Rør smør eller margarine og sukker sammen til det er lyst og luftigt. Pisk gradvist æggene i, og bland derefter appelsinskal og appelsinblomstvand i. Vend mel, sodavand og salt i skiftevis med kærnemælken. Rør de udblødte sultanas og Marsala i. Hæld i to smurte og forede 23 cm/9 kagedåser og bag dem i en forvarmet ovn ved 180°C/350°F/gasmærke 4 i 35 minutter, indtil den er fjedrende at røre ved og begynder at krympe væk fra siderne af dåserne. Lad dem køle af i formene i 10 minutter, inden de vendes ud på en rist for at afslutte afkølingen.

Smør kagerne sammen med halvdelen af appelsinlikørglasuren, og fordel derefter den resterende glasur ovenpå.

Fersken og pære kage

Gør en 23 cm/9 i kage

175 g/6 oz/¾ kop smør eller margarine, blødgjort

150 g/5 oz/2/3 kop strøsukker (superfint).

2 æg, let pisket

75 g/3 oz/¾ kop fuldkornsmel (fuldhvede).

75 g/3 oz/¾ kop almindeligt (all-purpose) mel

10 ml/2 tsk bagepulver

15 ml/1 spsk mælk

2 ferskner, udstenede (udstenede), flåede og hakkede

2 pærer, skrællede, udkernede og hakkede

30 ml/2 spsk flormelis (konditor-)sukker, sigtet

Pisk smør eller margarine og sukker sammen til det er lyst og luftigt. Pisk gradvist æggene i, vend derefter mel og bagepulver i, tilsæt mælken for at give blandingen en dryppende konsistens. Vend ferskerne og pærerne i. Hæld blandingen i en smurt og beklædt 23 cm/9 kageform (pande) og bag i en forvarmet ovn ved 190°C/375°F/gasmærke 5 i 1 time, indtil den er godt hævet og fjedrende at røre ved. Lad den køle af i formen i 10 minutter, inden den vendes ud på en rist for at afslutte afkølingen. Drys med flormelis inden servering.

Fugtig ananas kage

Gør en 20 cm/8 i kage

100 g/4 oz/½ kop smør eller margarine

350 g/12 oz/2 kopper tørret blandet frugt (frugtkageblanding)

225 g/8 oz/1 kop blødt brun farin

5 ml/1 tsk malet blandet (æbletærte) krydderi

5 ml/1 tsk bicarbonat sodavand (bagepulver)

425 g/15 oz/1 stor dåse usødet knust ananas, drænet

225 g/8 oz/2 kopper selvhævende (selvhævende) mel

2 æg, pisket

Kom alle ingredienserne undtagen mel og æg i en gryde og varm forsigtigt op til kogepunktet, mens du rører godt. Kog jævnt i 3 minutter, og lad derefter blandingen køle helt af. Rør melet i, og rør derefter gradvist æggene i. Vend blandingen i en smurt og foret 20 cm/8 kageform og bag den i en forvarmet ovn ved 180°C/350°F/gasmærke 4 i 1½-1¾ time, indtil den er hævet godt og fast at røre ved. Lad det køle af i formen.

Ananas og kirsebær kage

Gør en 20 cm/8 i kage

100 g/4 oz/½ kop smør eller margarine, blødgjort

100 g/4 oz/1 kop caster (superfint) sukker

2 æg, pisket

225 g/8 oz/2 kopper selvhævende (selvhævende) mel

2,5 ml/½ tsk bagepulver

2,5 ml/½ tsk stødt kanel

175 g/6 oz/1 kop sultanas (gyldne rosiner)

25 g/1 oz/2 spsk glacé (kandiserede) kirsebær

400 g/14 oz/1 stor dåse ananas, drænet og hakket

30 ml/2 spsk brandy eller rom

Flormelis (konditor), sigtet, til aftørring

Pisk smør eller margarine og sukker sammen til det er lyst og luftigt. Pisk gradvist æggene i, og vend derefter mel, bagepulver og kanel i. Rør forsigtigt de resterende ingredienser i. Hæld blandingen i en smurt og beklædt 20 cm/8 kageform og bag i en forvarmet ovn ved 160°C/325°F/gasmærke 3 i 1½ time, indtil et spyd, der er sat i midten, kommer rent ud. Lad det køle af, og server derefter drysset med flormelis.

Natal ananas kage

Gør en 23 cm/9 i kage

50 g/2 oz/¼ kop smør eller margarine

100 g/4 oz/½ kop caster (superfint) sukker

1 æg, let pisket

150 g/5 oz/1¼ kopper selvhævende (selvhævende) mel

En knivspids salt

120 ml/4 fl oz/½ kop mælk

Til toppingen:

100 g/4 oz frisk eller dåse ananas, groft revet

1 spise (dessert) æble, skrællet, udkernet og groft revet

120 ml/4 fl oz/½ kop appelsinjuice

15 ml/1 spsk citronsaft

100 g/4 oz/½ kop caster (superfint) sukker

5 ml/1 tsk stødt kanel

Smelt smør eller margarine, pisk derefter sukker og æg i, indtil det er skummende. Rør mel og salt i skiftevis med mælken for at lave en dej. Hæld i en smurt og beklædt 23 cm/9 kageform (pande) og bag i en forvarmet ovn ved 180°C/350°F/gasmærke 4 i 25 minutter, indtil den er gylden og fjedrende.

Bring alle ingredienserne til toppingen i kog, og lad dem simre i 10 minutter. Hæld den varme kage over og grill (bril), indtil ananassen begynder at blive brun. Afkøl inden servering varm eller kold.

Ananas på hovedet

Gør en 20 cm/8 i kage

175 g/6 oz/¾ kop smør eller margarine, blødgjort

175 g/6 oz/¾ kop blødt brun farin

400 g/14 oz/1 stor dåse ananasskiver, drænet og juice reserveret

4 glacé (kandiserede) kirsebær, halveret

2 æg

100 g/4 oz/1 kop selvhævende (selvhævende) mel

Creme 75 g/3 oz/1/3 kop af smørret eller margarinen med 75 g/3 oz/1/3 kop af sukkeret, indtil det er lyst og luftigt og fordeles over bunden af en smurt 20 cm/8 kagedåse (pande). Arranger ananasskiverne ovenpå og prik med kirsebærene med den afrundede side nedad. Pisk det resterende smør eller margarine og sukker sammen, og pisk derefter æggene gradvist i. Vend melet og 30 ml/2 spsk af den reserverede ananasjuice i. Hæld ananasen over og bag i en forvarmet ovn ved 180°C/350°F/gasmærke 4 i 45 minutter, indtil den er fast at røre ved. Lad den køle af i formen i 5 minutter, tag derefter forsigtigt ud af formen og vend den på en rist for at køle af.

Ananas og valnødde kage

Gør en 23 cm/9 i kage

225 g/8 oz/1 kop smør eller margarine, blødgjort

225 g/8 oz/1 kop caster (superfint) sukker

5 æg

350 g/12 oz/3 kopper almindeligt (all-purpose) mel

100 g/4 oz/1 kop valnødder, groft hakket

100 g/4 oz/2/3 kop glacé (kandiseret) ananas, hakket

Lidt mælk

Pisk smør eller margarine og sukker sammen til det er lyst og luftigt. Pisk gradvist æggene i, vend derefter mel, nødder og ananas i, tilsæt lige nok mælk til at give en dryppende konsistens. Hæld i en smurt og beklædt 23 cm/9 kageform og bag i en forvarmet ovn ved 150°C/300°F/gasmærke 2 i 1½ time, indtil et spyd, der er sat i midten, kommer rent ud.

Hindbær kage

Gør en 20 cm/8 i kage

100 g/4 oz/½ kop smør eller margarine, blødgjort

200 g/7 oz/små 1 kop caster (superfint) sukker

2 æg, let pisket

250 ml/8 fl oz/1 kop syrnet (mejerisyre) fløde

5 ml/1 tsk vaniljeessens (ekstrakt)

250 g/9 oz/2¼ kopper almindeligt (all-purpose) mel

5 ml/1 tsk bagepulver

5 ml/1 tsk bicarbonat sodavand (bagepulver)

5 ml/1 tsk kakao (usødet chokolade) pulver

2,5 ml/½ tsk salt

100 g/4 oz friske eller optøede frosne hindbær

Til toppingen:

30 ml/2 spsk flormelis (superfint) sukker

5 ml/1 tsk stødt kanel

Bland smør eller margarine og sukker sammen. Pisk gradvist æggene i, derefter cremefraiche og vaniljeessens. Vend mel, bagepulver, sodavand, kakao og salt i. Vend hindbærene i. Hæld i en smurt 20 cm/8 kageform (form). Bland sukker og kanel sammen og drys over toppen af kagen. Bages i en forvarmet ovn ved 200°C/400°F/gasmærke 4 i 35 minutter, indtil de er gyldenbrune og et spyd i midten kommer rent ud. Drys med sukkeret blandet med kanel.

Rabarber kage

Gør en 20 cm/8 i kage

225 g/8 oz/2 kopper fuldkornsmel (fuldhvede).

10 ml/2 tsk bagepulver

10 ml/2 tsk stødt kanel

45 ml/3 spsk klar honning

175 g/6 oz/1 kop sultanas (gyldne rosiner)

2 æg

150 ml/¼ pt/2/3 kop mælk

225 g/8 oz rabarber, hakket

30 ml/2 spsk demerara sukker

Blend alle ingredienserne undtagen rabarber og sukker. Rør rabarberne i og hæld dem i en smurt og meldrysset 20 cm/8 kagedåse. Drys med sukkeret. Bages i en forvarmet ovn ved 180°C/350°F/gasmærke 4 i 45 minutter, indtil de er faste. Lad den køle af i formen i 10 minutter, inden den tages ud.

Rabarber-honning kage

Laver to 450 g/1 lb kager

250 g/9 oz/2/3 kop klar honning

120 ml/4 fl oz/½ kop olie

1 æg, let pisket

15 ml/1 spsk bikarbonatsodavand (bagepulver)

150 ml/¼ pt/2/3 kop almindelig yoghurt

75 ml/5 spsk vand

350 g/12 oz/3 kopper almindeligt (all-purpose) mel

10 ml/2 tsk salt

350 g/12 oz rabarber, finthakket

5 ml/1 tsk vaniljeessens (ekstrakt)

50 g/2 oz/½ kop hakkede blandede nødder

Til toppingen:
75 g/3 oz/1/3 kop blødt brun farin

5 ml/1 tsk stødt kanel

15 ml/1 spsk smør eller margarine, smeltet

Bland honning og olie sammen, pisk derefter ægget i. Bland sodavandets bikarbonat i yoghurten og vandet, indtil det er opløst. Bland mel og salt og tilsæt honningblandingen skiftevis med yoghurten. Rør rabarber, vaniljeessens og nødder i. Hæld i to smurte og forede 450 g/1 lb brødforme (pander). Bland ingredienserne til toppingen og drys over kagerne. Bages i en forvarmet ovn ved 160°C/325°F/gasmærke 3 i 1 time, indtil den lige er fast at røre ved og gylden på toppen. Lad dem køle af i formene i 10 minutter, og vend dem derefter ud på en rist for at afslutte afkølingen.

Rødbedekage

Gør en 20 cm/8 i kage

250 g/9 oz/1¼ kopper almindeligt (all-purpose) mel

15 ml/1 spsk bagepulver

5 ml/1 tsk stødt kanel

En knivspids salt

150 ml/8 fl oz/1 kop olie

300 g/11 oz/11/3 kopper strøsukker (superfint).

3 æg, adskilt

150 g/5 oz rå rødbeder, skrællet og groft revet

150 g/5 oz gulerødder, groft revet

100 g/4 oz/1 kop hakkede blandede nødder

Bland mel, bagepulver, kanel og salt sammen. Pisk olie og sukker i. Pisk æggeblommer, rødbeder, gulerødder og nødder i. Pisk æggehviderne stive, og vend dem derefter ind i blandingen med en metalske. Hæld blandingen i en smurt og beklædt 20 cm/8 kageform og bag den i en forvarmet ovn ved 180°C/350°F/gasmærke 4 i 1 time, indtil den er elastisk at røre ved.

Gulerods- og banankage

Gør en 20 cm/8 i kage

175 g/6 oz gulerødder, revet

2 bananer, mosede

75 g/3 oz/½ kop sultanas (gyldne rosiner)

50 g/2 oz/½ kop hakkede blandede nødder

175 g/6 oz/1½ kopper selvhævende (selvhævende) mel

5 ml/1 tsk bagepulver

5 ml/1 tsk malet blandet (æbletærte) krydderi

Saft og revet skal af 1 appelsin

2 æg, pisket

75 g/3 oz/1/2 kop lyst muscovadosukker

100 ml/31/2 fl oz/små 1/2 kop solsikkeolie

Bland alle ingredienserne sammen til det er godt blandet. Hæld i en smurt og beklædt 20 cm/8 kageform og bag i en forvarmet ovn ved 180°C/350°F/gasmærke 4 i 1 time, indtil et spyd, der er sat i midten, kommer rent ud.

Gulerod og æblekage

Gør en 23 cm/9 i kage

250 g/9 oz/2¼ kopper selvhævende (selvhævende) mel

5 ml/1 tsk bicarbonat sodavand (bagepulver)

5 ml/1 tsk stødt kanel

175 g/6 oz/¾ kop blødt brun farin

Finrevet skal af 1 appelsin

3 æg

200 ml/7 fl oz/små 1 kop olie

150 g/5 oz spise (dessert) æbler, skrællede, udkernede og revet

150 g/5 oz gulerødder, revet

100 g/4 oz/2/3 kop spiseklare tørrede abrikoser, hakket

100 g/4 oz/1 kop pecannødder eller valnødder, hakket

Bland mel, bikarbonat af sodavand og kanel sammen, og rør derefter sukker og appelsinskal i. Pisk æggene ud i olien, og rør derefter æble, gulerødder og to tredjedele af abrikoserne og nødderne i. Vend melblandingen i og hæld den i en smurt og beklædt 23 cm/9 kageform. Drys med de resterende hakkede abrikoser og nødder. Bages i en forvarmet ovn ved 180°C/350°F/gasmærke 4 i 30 minutter, indtil den er elastisk at røre ved. Lad den køle lidt af i formen, og vend den ud på en rist for at afslutte afkølingen.

Gulerods- og kanelkage

Gør en 20 cm/8 i kage

100 g/4 oz/1 kop fuldkornsmel (fuldhvede).

100 g/4 oz/1 kop almindeligt (all-purpose) mel

15 ml/1 spsk stødt kanel

5 ml/1 tsk revet muskatnød

10 ml/2 tsk bagepulver

100 g/4 oz/½ kop smør eller margarine

100 g/4 oz/1/3 kop klar honning

100 g/4 oz/½ kop blødt brun farin

225 g/8 oz gulerødder, revet

Bland mel, kanel, muskatnød og bagepulver sammen i en skål. Smelt smør eller margarine med honning og sukker og bland det derefter i melet. Rør gulerødderne i og bland det godt sammen. Hæld i en smurt og beklædt 20 cm/8 kageform og bag i en forvarmet ovn ved 160°C/325°F/gasmærke 3 i 1 time, indtil et spyd, der er sat i midten, kommer rent ud. Lad den køle af i formen i 10 minutter, og vend den ud på en rist for at afslutte afkølingen.

Gulerods- og courgettekage

Gør en 23 cm/9 i kage

2 æg

175 g/6 oz/¾ kop blødt brun farin

100 g/4 oz gulerødder, revet

50 g/2 oz courgetter (zucchini), revet

75 ml/5 spsk olie

225 g/8 oz/2 kopper selvhævende (selvhævende) mel

2,5 ml/½ tsk bagepulver

5 ml/1 tsk malet blandet (æbletærte) krydderi

Flødeostglasur

Bland æg, sukker, gulerødder, courgetter og olie sammen. Rør mel, bagepulver og blandet krydderi i og bland til en jævn dej. Hæld i en smurt og foret 23 cm/9 kageform (pande) og bag i en forvarmet ovn ved 180°C/350°F/gasmærke 4 i 30 minutter, indtil et spyd, der er sat i midten, kommer rent ud. Lad det køle af, og smør derefter med flødeostglasur.

Gulerod og ingefær kage

Gør en 20 cm/8 i kage

175 g/6 oz/2/3 kop smør eller margarine

100 g/4 oz/1/3 kop gylden (lys majs) sirup

120 ml/4 fl oz/½ kop vand

100 g/4 oz/½ kop blødt brun farin

150 g/5 oz gulerødder, groft revet

5 ml/1 tsk bicarbonat sodavand (bagepulver)

200 g/7 oz/1¾ kopper almindeligt (all-purpose) mel

100 g/4 oz/1 kop selvhævende (selvhævende) mel

5 ml/1 tsk malet ingefær

En knivspids salt

Til glasuren (frosting):
175 g/6 oz/1 kop flormelis (konditorsukker), sigtet

5 ml/1 tsk smør eller margarine, blødgjort

30 ml/2 spsk citronsaft

Smelt smør eller margarine med sirup, vand og sukker, og bring det derefter i kog. Tag af varmen og rør gulerødder og sodavand i. Lad afkøle. Bland mel, ingefær og salt i, hæld i en smurt 20 cm/8 kagedåse (pande) og bag i en forvarmet ovn ved 180°C/350°F/gasmærke 4 i 45 minutter, indtil den er gennemhævet og spændstig. berøringen. Vend ud og lad køle af.

Bland flormelis med smør eller margarine og nok citronsaft til at lave en smørbar glasur. Skær kagen i halve vandret, brug derefter halvdelen af glasuren til at klemme kagen sammen og spred resten ovenpå.

Gulerods- og nøddekage

Gør en 18 cm/7 i kage

2 store æg, adskilt

150 g/5 oz/2/3 kop strøsukker (superfint).

225 g/8 oz gulerødder, revet

150 g/5 oz/1¼ kopper hakkede blandede nødder

10 ml/2 tsk revet citronskal

50 g/2 oz/½ kop almindeligt (all-purpose) mel

2,5 ml/½ tsk bagepulver

Pisk æggeblommer og sukker sammen til det er tykt og cremet. Rør gulerødder, nødder og citronskal i, og vend derefter mel og bagepulver i. Pisk æggehviderne, indtil de danner bløde toppe, og vend dem derefter i blandingen. Vend i en smurt 19 cm/7 i firkantet kageform (form). Bag i en forvarmet ovn ved 180°C/350°F/gasmærke 4 i 40-45 minutter, indtil et spyd, der stikkes i midten, kommer rent ud.

Gulerods-, appelsin- og nøddekage

Gør en 20 cm/8 i kage

100 g/4 oz/½ kop smør eller margarine, blødgjort

100 g/4 oz/½ kop blødt brun farin

5 ml/1 tsk stødt kanel

5 ml/1 tsk revet appelsinskal

2 æg, let pisket

15 ml/1 spsk appelsinjuice

100 g/4 oz gulerødder, fint revet

50 g/2 oz/½ kop hakkede blandede nødder

225 g/8 oz/2 kopper selvhævende (selvhævende) mel

5 ml/1 tsk bagepulver

Rør smør eller margarine, sukker, kanel og appelsinskal sammen til det er let og luftigt. Pisk gradvist æg og appelsinjuice i, og vend derefter gulerødder, nødder, mel og bagepulver i. Hæld i en smurt og beklædt 20 cm/8 kageform og bag i en forvarmet ovn ved 180°C/350°F/gasmærke 4 i 45 minutter, indtil den er elastisk at røre ved.

Gulerod, ananas og kokos kage

Gør en 25 cm/10 i kage

3 æg

350 g/12 oz/1½ kopper strøsukker (superfint).

300 ml/½ pt/1¼ kopper olie

5 ml/1 tsk vaniljeessens (ekstrakt)

225 g/8 oz/2 kopper almindeligt (all-purpose) mel

5 ml/1 tsk bicarbonat sodavand (bagepulver)

10 ml/2 tsk stødt kanel

5 ml/1 tsk salt

225 g/8 oz gulerødder, revet

100 g/4 oz ananas på dåse, drænet og knust

100 g/4 oz/1 kop tørret (revet) kokosnød

100 g/4 oz/1 kop hakkede blandede nødder

Flormelis (konditor), sigtet, til drys

Pisk æg, sukker, olie og vaniljeessens sammen. Bland mel, sodavand, kanel og salt sammen og pisk gradvist i blandingen. Vend gulerødder, ananas, kokos og nødder i. Hæld i en smurt og meldrysset 25 cm/10 kageform og bag i en forvarmet ovn ved 160°C/325°F/gasmærke 3 i 1¼ time, indtil et spyd, der er sat i midten, kommer rent ud. Lad den køle af i formen i 10 minutter, inden den vendes ud på en rist for at afslutte afkølingen. Drys med flormelis inden servering.

Gulerod og pistacie kage

Gør en 23 cm/9 i kage

100 g/4 oz/½ kop smør eller margarine, blødgjort

100 g/4 oz/½ kop caster (superfint) sukker

2 æg

225 g/8 oz/2 kopper almindeligt (all-purpose) mel

5 ml/1 tsk bicarbonat sodavand (bagepulver)

5 ml/1 tsk stødt kardemomme

225 g/8 oz gulerødder, revet

50 g/2 oz/½ kop pistacienødder, hakket

50 g/2 oz/½ kop malede mandler

100 g/4 oz/2/3 kop sultanas (gyldne rosiner)

Pisk smør eller margarine og sukker sammen til det er lyst og luftigt. Pisk gradvist æggene i, pisk godt efter hver tilsætning, og vend derefter mel, sodavand og kardemomme i. Rør gulerødder, nødder, malede mandler og rosiner i. Hæld blandingen i en smurt og foret 23 cm/9 kageform (pande) og bag i en forvarmet ovn ved 180°C/350°F/gasmærke 4 i 40 minutter, indtil den er gennemhævet, gylden og fjedrende at røre ved.

Gulerods- og valnøddekage

Gør en 23 cm/9 i kage

200 ml/7 fl oz/små 1 kop olie

4 æg

225 g/8 oz/2/3 kop klar honning

225 g/8 oz/2 kopper fuldkornsmel (fuldhvede).

10 ml/2 tsk bagepulver

2,5 ml/½ tsk bikarbonatsodavand (bagepulver)

En knivspids salt

5 ml/1 tsk vaniljeessens (ekstrakt)

175 g/6 oz gulerødder, groft revet

175 g/6 oz/1 kop rosiner

100 g/4 oz/1 kop valnødder, finthakkede

Blend olie, æg og honning sammen. Bland gradvist alle de resterende ingredienser i og pisk, indtil det er godt blandet. Hæld i en smurt og meldrysset 23 cm/9 kageform og bag i en forvarmet ovn ved 180°C/350°F/gasmærke 4 i 1 time, indtil et spyd, der er sat i midten, kommer rent ud.

Krydret gulerodskage

Gør en 18 cm/7 i kage

175 g/6 oz/1 kop dadler

120 ml/4 fl oz/½ kop vand

175 g/6 oz/¾ kop smør eller margarine, blødgjort

2 æg, let pisket

225 g/8 oz/2 kopper selvhævende (selvhævende) mel

175 g/6 oz gulerødder, fint revet

25 g/1 oz/¼ kop malede mandler

Revet skal af 1 appelsin

2,5 ml/½ tsk malet blandet (æbletærte) krydderi

2,5 ml/½ tsk stødt kanel

2,5 ml/½ tsk malet ingefær

Til glasuren (frosting):

350 g/12 oz/1½ kopper kvark

25 g/1 oz/2 spsk smør eller margarine, blødgjort

Revet skal af 1 appelsin

Kom dadlerne og vandet i en lille gryde, bring det i kog, og lad det simre i 10 minutter, indtil det er blødt. Fjern og kassér stenene (gruberne), og hak derefter dadlerne fint. Bland dadlerne og væsken, smørret eller margarinen og æggene sammen til det er cremet. Vend alle de resterende kageingredienser i. Hæld blandingen i en smurt og foret 18 cm/7 kageform og bag i en forvarmet ovn ved 180°C/350°F/gasmærke 4 i 1 time, indtil et spyd, der er sat i midten, kommer rent ud. Lad den køle af i formen i 10 minutter, inden den vendes ud på en rist for at afslutte afkølingen.

For at lave glasuren piskes alle ingredienserne sammen, indtil du har en smørbar konsistens, tilsæt eventuelt lidt mere appelsinjuice eller vand. Skær kagen i halve vandret, læg lagene sammen med halvdelen af glasuren og fordel resten ovenpå.

Gulerod og brunt sukker kage

Gør en 18 cm/7 i kage

5 æg, adskilt

200 g/7 oz/små 1 kop blødt brun farin

15 ml/1 spsk citronsaft

300 g/10 oz gulerødder, revet

225 g/8 oz/2 kopper malede mandler

25 g/1 oz/¼ kop fuldkornsmel (fuldhvede).

5 ml/1 tsk stødt kanel

25 g/1 oz/2 spsk smør eller margarine, smeltet

25 g/1 oz/2 spsk strøsukker (superfint).

30 ml/2 spsk enkelt (let) creme

75 g/3 oz/¾ kop hakkede blandede nødder

Pisk æggeblommerne, indtil de er skummende, pisk sukkeret i, indtil det er glat, og pisk derefter citronsaften i. Rør en tredjedel af gulerødderne i, derefter en tredjedel af mandlerne og fortsæt på denne måde, indtil de alle er samlet. Rør mel og kanel i. Pisk æggehviderne stive, og vend dem derefter ind i blandingen med en metalske. Vend til en smurt og foret dyb 18 cm/7 kageform (pande) og bag i en forvarmet ovn ved 180°C/350°F/gasmærke 4 i 1 time. Dæk kagen løst med fedtfast (vokset) papir og reducer ovntemperaturen til 160°C/325°F/gasmærke 3 i yderligere 15 minutter, eller indtil kagen krymper lidt fra siderne af formen, og midten stadig er fugtig. Lad kagen stå i formen, indtil den er lige varm, og vend den derefter ud for at blive færdig med afkøling.

Kombiner det smeltede smør eller margarine, sukker, fløde og nødder, hæld over kagen og steg under en medium grill (slagtekyllinger), indtil den er gyldenbrun.

Courgette og Marvkage

Gør en 20 cm/8 i kage

225 g/8 oz/1 kop caster (superfint) sukker

2 æg, pisket

120 ml/4 fl oz/½ kop olie

100 g/4 oz/1 kop almindeligt (all-purpose) mel

5 ml/1 tsk bagepulver

2,5 ml/½ tsk bikarbonatsodavand (bagepulver)

2,5 ml/½ tsk salt

100 g/4 oz courgetter (zucchini), revet

100 g/4 oz stødt ananas

50 g/2 oz/½ kop valnødder, hakket

5 ml/1 tsk vaniljeessens (ekstrakt)

Pisk sukker og æg sammen, indtil det er lyst og godt blandet. Pisk olien i og derefter de tørre ingredienser. Rør courgetter, ananas, valnødder og vaniljeessens i. Hæld i en smurt og meldrysset 20 cm/8 kageform og bag i en forvarmet ovn ved 180°C/350°F/gasmærke 4 i 1 time, indtil et spyd, der er sat i midten, kommer rent ud. Lad den køle af i formen i 30 minutter, inden den vendes ud på en rist for at afslutte afkølingen.

Courgette og appelsinkage

Gør en 25 cm/10 i kage

225 g/8 oz/1 kop smør eller margarine, blødgjort

450 g/1 lb/2 kopper blødt brun farin

4 æg, let pisket

275 g/10 oz/2½ kopper almindeligt (all-purpose) mel

15 ml/1 spsk bagepulver

2,5 ml/½ tsk salt

5 ml/1 tsk stødt kanel

2,5 ml/½ tsk revet muskatnød

En knivspids malet nelliker

Revet skal og saft af 1 appelsin

225 g/8 oz/2 kopper courgetter (zucchini), revet

Pisk smør eller margarine og sukker sammen til det er lyst og luftigt. Pisk æggene gradvist i, og vend derefter mel, bagepulver, salt og krydderier i skiftevis med appelsinskal og saft. Rør courgetterne i. Hæld i en smurt og foret 25 cm/10 kageform og bag i en forvarmet ovn ved 180°C/350°F/gasmærke 4 i 1 time, indtil den er gyldenbrun og fjedrende at røre ved. Hvis toppen begynder at blive for brun mod slutningen af bagningen, dækkes med fedtsugende (vokset) papir.

Krydret courgettekage

Gør en 25 cm/10 i kage

350 g/12 oz/3 kopper almindeligt (all-purpose) mel

10 ml/2 tsk bagepulver

7,5 ml/1½ tsk stødt kanel

5 ml/1 tsk bicarbonat sodavand (bagepulver)

2,5 ml/½ tsk salt

8 æggehvider

450 g/1 lb/2 kopper strøsukker (superfint).

100 g/4 oz/1 kop æblemos (sauce)

120 ml/4 fl oz/½ kop kærnemælk

15 ml/1 spsk vaniljeessens (ekstrakt)

5 ml/1 tsk fintrevet appelsinskal

350 g/12 oz/3 kopper courgetter (zucchini), revet

75 g/3 oz/¾ kop valnødder, hakket

Til toppingen:

100 g/4 oz/½ kop flødeost

25 g/1 oz/2 spsk smør eller margarine, blødgjort

5 ml/1 tsk fintrevet appelsinskal

10 ml/2 tsk appelsinjuice

350 g/12 oz/2 kopper flormelis (konditorsukker), sigtet

Bland de tørre ingredienser sammen. Pisk æggehviderne, indtil de danner bløde toppe. Pisk langsomt sukkeret i, derefter æblemos, kærnemælk, vaniljeessens og appelsinskal. Vend melblandingen i, derefter courgetterne og valnødderne. Hæld i en smurt og meldrysset 25 cm/10 kageform og bag i en forvarmet ovn ved 150°C/300°F/gasmærke 2 i 1 time, indtil et spyd, der er sat i midten, kommer rent ud. Lad det køle af i formen.

Pisk alle ingredienserne til toppingen sammen til en jævn masse, og tilsæt nok sukker til at få en smørbar konsistens. Fordel over den afkølede kage.

Græskar kage

Gør en 23 x 33 cm/9 x 13 i kage

450 g/1 lb/2 kopper strøsukker (superfint).

4 æg, pisket

375 ml/13 fl oz/1½ kopper olie

350 g/12 oz/3 kopper almindeligt (all-purpose) mel

15 ml/1 spsk bagepulver

10 ml/2 tsk bicarbonat sodavand (bagepulver)

10 ml/2 tsk stødt kanel

2,5 ml/½ tsk malet ingefær

En knivspids salt

225 g/8 oz kogt græskar i tern

100 g/4 oz/1 kop valnødder, hakket

Pisk sukker og æg sammen, indtil det er godt blandet, og pisk derefter olien i. Bland de resterende ingredienser i. Hæld i en smurt og meldrysset 23 x 33 cm/9 x 13 bageform og bag i en forvarmet ovn ved 180°C/350°F/gasmærke 4 i 1 time, indtil et spyd, der er indsat i midten, kommer ud. ren.

Frugt græskar kage

Gør en 20 cm/8 i kage

100 g/4 oz/½ kop smør eller margarine, blødgjort

150 g/5 oz/2/3 kop blødt brun farin

2 æg, let pisket

225 g/8 oz koldt kogt græskar

30 ml/2 spsk gylden (lys majs) sirup

225 g/8 oz 1/1/3 kopper tørret blandet frugt (frugtkageblanding)

225 g/8 oz/2 kopper selvhævende (selvhævende) mel

50 g/2 oz/½ kop klid

Pisk smør eller margarine og sukker sammen til det er lyst og luftigt. Pisk gradvist æggene i, og vend derefter de resterende ingredienser i. Hæld i en smurt og beklædt 20 cm/8 kageform og bag i en forvarmet ovn ved 160°C/325°F/gasmærke 3 i 1¼ time, indtil et spyd, der er sat i midten, kommer rent ud.

Krydret græskarrulle

Gør en 30 cm/12 i rulle

75 g/3 oz/¾ kop almindeligt (all-purpose) mel

5 ml/1 tsk bicarbonat sodavand (bagepulver)

5 ml/1 tsk malet ingefær

2,5 ml/½ tsk revet muskatnød

10 ml/2 tsk stødt kanel

En knivspids salt

1 æg

225 g/8 oz/1 kop caster (superfint) sukker

100 g/4 oz kogt græskar, skåret i tern

5 ml/1 tsk citronsaft

4 æggehvider

50 g/2 oz/½ kop valnødder, hakket

50 g/2 oz/1/3 kop flormelis (konditorsukker), sigtet

Til fyldet:
175 g/6 oz/1 kop flormelis (konditorsukker), sigtet

100 g/4 oz/½ kop flødeost

2,5 ml/½ tsk vaniljeessens (ekstrakt)

Bland mel, bikarbonat af sodavand, krydderier og salt sammen. Pisk ægget tykt og blegt, pisk derefter sukkeret i, indtil blandingen er bleg og cremet. Rør græskar og citronsaft i. Vend melblandingen i. I en ren skål piskes æggehviderne stive. Fold i kageblandingen og fordel i en smurt og beklædt 30 x 12 cm/12 x 8 i Swiss Roll-form (gelérulleform) og drys valnødderne over toppen. Bages i en forvarmet ovn ved 190°C/375°F/gasmærke 5 i 10 minutter, indtil den er elastisk at røre ved. Sigt flormelisen over et rent viskestykke (karklud) og vend kagen ud på viskestykket. Fjern belægningspapiret og rul kagen og håndklædet sammen, og lad det køle af.

For at lave fyldet piskes sukkeret gradvist ind i flødeosten og vaniljeessensen, indtil du har en smørbar blanding. Rul kagen ud og fordel fyldet over toppen. Rul kagen sammen igen og stil den på køl inden servering drysset med lidt mere flormelis.

Rabarber og honningkage

Laver to 450 g/1 lb kager

250 g/9 oz/¾ kop klar honning

100 ml/4 fl oz/½ kop olie

1 æg

5 ml/1 tsk bicarbonat sodavand (bagepulver)

60 ml/4 spsk vand

350 g/12 oz/3 kopper fuldkornsmel (fuldhvede).

10 ml/2 tsk salt

350 g/12 oz rabarber, finthakket

5 ml/1 tsk vaniljeessens (ekstrakt)

50 g/2 oz/½ kop hakkede blandede nødder (valgfrit)

Til toppingen:
75 g/3 oz/1/3 kop muscovadosukker

5 ml/1 tsk stødt kanel

15 g/½ oz/1 spsk smør eller margarine, blødgjort

Bland honning og olie sammen. Tilsæt ægget og pisk godt. Tilsæt sodavandsbicarbonat til vandet og lad det opløses. Bland mel og salt sammen. Tilsæt til honningblandingen skiftevis med bicarbonat af sodavandsblandingen. Rør rabarber, vaniljeessens og nødder i evt. Hæld i to smurte 450 g/1 lb brødforme (pander). Bland ingredienserne til toppingen og fordel den over kageblandingen. Bages i en forvarmet ovn ved 180°C/350°F/gasmærke 4 i 1 time, indtil den er elastisk at røre ved.

Sød kartoffel kage

Gør en 23 cm/9 i kage

300 g/11 oz/2¾ kopper almindeligt (all-purpose) mel

15 ml/1 spsk bagepulver

5 ml/1 tsk stødt kanel

5 ml/1 tsk revet muskatnød

En knivspids salt

350 g/12 oz/1¾ kopper strøsukker (superfint).

375 ml/13 fl oz/1½ kopper olie

60 ml/4 spsk kogt vand

4 æg, adskilt

225 g/8 oz søde kartofler, skrællet og groft revet

100 g/4 oz/1 kop hakkede blandede nødder

5 ml/1 tsk vaniljeessens (ekstrakt)

Til glasuren (frosting):

225 g/8 oz/11/3 kopper flormelis (konditorsukker), sigtet

50 g/2 oz/¼ kop smør eller margarine, blødgjort

250 g/9 oz/1 mellemstor karflødeost

50 g/2 oz/½ kop hakkede blandede nødder

Et nip stødt kanel til drys

Bland mel, bagepulver, kanel, muskatnød og salt sammen. Pisk sukker og olie sammen, tilsæt derefter kogende vand og pisk, indtil det er godt blandet. Tilsæt æggeblommer og melblanding og bland, indtil det er godt blandet. Rør søde kartofler, nødder og vaniljeessens i. Pisk æggehviderne stive, og vend dem derefter i blandingen. Hæld i to smurte og meldrysede 23 cm/9 kageforme og bag dem i en forvarmet ovn ved 180°C/350°F/gasmærke 4 i 40 minutter, indtil de er spændstige. Lad dem køle af i formene i 5 minutter, og vend dem derefter ud på en rist for at afslutte afkølingen.

Bland flormelis, smør eller margarine og halvdelen af flødeosten. Fordel halvdelen af den resterende flødeost over den ene kage, og fordel derefter glasuren over osten. Smør kagerne sammen. Fordel den resterende flødeost over toppen og drys nødder og kanel over toppen inden servering.

Italiensk mandelkage

Gør en 20 cm/8 i kage

1 æg

150 ml/¼ pt/2/3 kop mælk

2,5 ml/½ tsk mandelessens (ekstrakt)

45 ml/3 spsk smør, smeltet

350 g/12 oz/3 kopper almindeligt (all-purpose) mel

100 g/4 oz/½ kop caster (superfint) sukker

10 ml/2 tsk bagepulver

2,5 ml/½ tsk salt

1 æggehvide

100 g/4 oz/1 kop mandler, hakkede

Pisk ægget i en skål, og tilsæt derefter gradvist mælk, mandelessens og smeltet smør, mens du pisk hele tiden. Tilsæt mel, sukker, bagepulver og salt og fortsæt med at blande, indtil det er glat. Hæld i en smurt og beklædt 20 cm/8 i kagedåse (form). Pisk æggehviden til den er skummende, pensl derefter generøst over toppen af kagen og drys med mandlerne. Bages i en forvarmet ovn ved 220°C/425°F/gasmærke 7 i 25 minutter, indtil den er gyldenbrun og fjedrende at røre ved.

Mandel og Kaffe Torte

Gør en 23 cm/9 i kage

8 æg, adskilt

175 g/6 oz/¾ kop strøsukker (superfint).

60 ml/4 spsk stærk sort kaffe

175 g/6 oz/1½ kopper malede mandler

45 ml/3 spsk semulje (fløde af hvede)

100 g/4 oz/1 kop almindeligt (all-purpose) mel

Pisk æggeblommer og sukker til det er meget tykt og cremet. Tilsæt kaffe, malede mandler og semulje og pisk godt. Vend melet i. Pisk æggehviderne stive, og vend dem derefter i blandingen. Hæld i en smurt 23 cm/9 kageform og bag i en forvarmet ovn ved 180°C/350°F/gasmærke 4 i 45 minutter, indtil den er elastisk at røre ved.

Mandel- og honningkage

Gør en 20 cm/8 i kage

225 g/8 oz gulerødder, revet

75 g/3 oz/¾ kop mandler, hakkede

2 æg, pisket

100 ml/4 fl oz/½ kop klar honning

60 ml/4 spsk olie

150 ml/¼ pt/2/3 kop mælk

150 g/5 oz/1¼ kopper fuldkornsmel (fuldhvede)

10 ml/2 tsk salt

10 ml/2 tsk bicarbonat sodavand (bagepulver)

15 ml/1 spsk stødt kanel

Bland gulerødder og nødder sammen. Pisk æggene med honning, olie og mælk, og rør derefter i gulerodsblandingen. Bland mel, salt, bikarbonat af sodavand og kanel sammen og rør i gulerodsblandingen. Hæld blandingen i en smurt og foret 20 cm/8 firkantet kageform og bag i en forvarmet ovn ved 150°C/300°F/gasmærke 2 i 1¾ time, indtil et spyd, der er sat i midten, kommer rent ud. . Lad den køle af i formen i 10 minutter, inden den tages ud.

Mandel- og citronkage

Gør en 23 cm/9 i kage

25 g/1 oz/¼ kop flagede (skårede) mandler

100 g/4 oz/½ kop smør eller margarine, blødgjort

100 g/4 oz/½ kop blødt brun farin

2 æg, pisket

100 g/4 oz/1 kop selvhævende (selvhævende) mel

Revet skal af 1 citron

Til siruppen:

75 g/3 oz/1/3 kop caster (superfint) sukker

45–60 ml/3–4 spsk citronsaft

Smør og beklæd en 23 cm/9 kageform (form) og drys mandlerne over bunden. Rør smør og farin sammen. Pisk æggene i et ad gangen, og vend derefter mel og citronskal i. Hæld i den forberedte dåse og jævn overfladen. Bages i en forvarmet ovn ved 180°C/350°F/gasmærke 4 i 20-25 minutter, indtil de er godt hævet og fjedrende at røre ved.

Varm imens flormelis og citronsaft i en gryde under omrøring af og til, indtil sukkeret er opløst. Tag kagen ud af ovnen og lad den køle af i 2 minutter, og vend den ud på en rist med bunden øverst. Hæld siruppen over, og lad den køle helt af.

Mandelkage med appelsin

Gør en 20 cm/8 i kage

225 g/8 oz/1 kop smør eller margarine, blødgjort

225 g/8 oz/1 kop caster (superfint) sukker

4 æg, adskilt

225 g/8 oz/2 kopper almindeligt (all-purpose) mel

10 ml/2 tsk bagepulver

50 g/2 oz/½ kop malede mandler

5 ml/1 tsk revet appelsinskal

Pisk smør eller margarine og sukker sammen til det er lyst og luftigt. Pisk æggeblommerne i, og vend derefter mel, bagepulver, malede mandler og appelsinskal i. Pisk æggehviderne stive, og vend dem derefter ind i blandingen med en metalske. Hæld i en smurt og beklædt 20 cm/8 kageform og bag i en forvarmet ovn ved 180°C/350°F/gasmærke 4 i 1 time, indtil et spyd, der er sat i midten, kommer rent ud.

Rig mandelkage

Gør en 18 cm/7 i kage

100 g/4 oz/½ kop smør eller margarine, blødgjort

150 g/5 oz/2/3 kop strøsukker (superfint).

3 æg, let pisket

75 g/3 oz/¾ kop malede mandler

50 g/2 oz/½ kop almindeligt (all-purpose) mel

Et par dråber mandelessens (ekstrakt)

Pisk smør eller margarine og sukker sammen til det er lyst og luftigt. Pisk gradvist æggene i, og vend derefter de malede mandler, mel og mandelessens i. Hæld i en smurt og beklædt 18 cm/7 kageform og bag i en forvarmet ovn ved 180°C/350°F/gasmærke 4 i 45 minutter, indtil den er elastisk at røre ved.

Svensk makronkage

Gør en 23 cm/9 i kage

100 g/4 oz/1 kop malede mandler

75 g/3 oz/1/3 kop granuleret sukker

5 ml/1 tsk bagepulver

2 store æggehvider, pisket

Bland mandler, sukker og bagepulver sammen. Rør æggehviderne i, indtil blandingen er tyk og glat. Hæld i en smurt og foret 23 cm/9 sandwichform (pande) og bag i en forvarmet ovn ved 160°C/325°F/gasmærke 3 i 20-25 minutter, indtil den er hævet og gylden. Vend meget forsigtigt ud af formen, da kagen er skrøbelig.

Kokosbrød

Gør et 450 g/1 lb brød

100 g/4 oz/1 kop selvhævende (selvhævende) mel

225 g/8 oz/1 kop caster (superfint) sukker

100 g/4 oz/1 kop tørret (revet) kokosnød

1 æg

120 ml/4 fl oz/½ kop mælk

En knivspids salt

Bland alle ingredienserne godt sammen og hæld dem i en smurt og foret 450 g/1 lb brødform (pande). Bages i en forvarmet ovn ved 180°C/350°F/gasmærke 4 i ca. 1 time, indtil den er gylden og fjedrende at røre ved.

Kokos kage

Gør en 23 cm/9 i kage

75 g/3 oz/1/3 kop smør eller margarine

150 ml/¼ pt/2/3 kop mælk

2 æg, let pisket

225 g/8 oz/1 kop caster (superfint) sukker

150 g/5 oz/1¼ kopper selvhævende (selvhævende) mel

En knivspids salt

Til toppingen:

100 g/4 oz/½ kop smør eller margarine

75 g/3 oz/¾ kop tørret (revet) kokosnød

60 ml/4 spsk klar honning

45 ml/3 spsk mælk

50 g/2 oz/¼ kop blødt brun farin

Smelt smørret eller margarinen i mælken, og lad det derefter køle lidt af. Pisk æg og flormelis sammen, til det er lyst og skummende, og pisk derefter smør- og mælkeblandingen i. Rør mel og salt i, så det bliver en ret tynd blanding. Hæld i en smurt og foret 23 cm/9 kageform (pande) og bag i en forvarmet ovn ved 180°C/350°F/gasmærke 4 i 40 minutter, indtil den er gyldenbrun og fjedrende at røre ved.

Bring imens ingredienserne til toppingen i kog i en gryde. Vend den varme kage ud og hæld toppingblandingen over. Stil under en varm grill (slagtekyllinger) i et par minutter, indtil toppingen lige begynder at brune.

Gylden kokosnøddekage

Gør en 20 cm/8 i kage

100 g/4 oz/½ kop smør eller margarine, blødgjort

200 g/7 oz/små 1 kop caster (superfint) sukker

200 g/7 oz/1¾ kopper almindeligt (all-purpose) mel

10 ml/2 tsk bagepulver

En knivspids salt

175 ml/6 fl oz/¾ kop mælk

3 æggehvider

Til fyld og topping:

150 g/5 oz/1¼ kopper tørret (revet) kokosnød

200 g/7 oz/små 1 kop caster (superfint) sukker

120 ml/4 fl oz/½ kop mælk

120 ml/4 fl oz/½ kop vand

3 æggeblommer

Pisk smør eller margarine og sukker sammen til det er lyst og luftigt. Rør mel, bagepulver og salt i blandingen skiftevis med mælk og vand, indtil du har en jævn dej. Pisk æggehviderne stive, og vend dem derefter i dejen. Hæld blandingen i to smurte 20 cm/8 kageforme (forme) og bag i en forvarmet ovn ved 180°C/350°F/gasmærke 4 i 25 minutter, indtil den er elastisk at røre ved. Lad afkøle.

Bland kokos, sukker, mælk og æggeblommer sammen i en lille gryde. Varm op ved svag varme i et par minutter, indtil æggene er kogte, under konstant omrøring. Lad afkøle. Smør kagerne sammen med halvdelen af kokosblandingen, og hæld derefter resten ovenpå.

Kokos lagkage

Giver en kage på 9 x 18 cm/3½ x 7

100 g/4 oz/½ kop smør eller margarine, blødgjort

175 g/6 oz/¾ kop strøsukker (superfint).

3 æg

175 g/6 oz/1½ kopper almindeligt (all-purpose) mel

5 ml/1 tsk bagepulver

175 g/6 oz/1 kop sultanas (gyldne rosiner)

120 ml/4 fl oz/½ kop mælk

6 almindelige kiks (småkager), knust

100 g/4 oz/½ kop blødt brun farin

100 g/4 oz/1 kop tørret (revet) kokosnød

Rør smør eller margarine og flormelis sammen til det er lyst og luftigt. Pisk gradvist to af æggene i, og vend derefter mel, bagepulver og sultanas i skiftevis med mælken. Hæld halvdelen af blandingen i en smurt og foret 450 g/1 lb brødform (pande). Bland det resterende æg sammen med kiks, brun farin og kokos og drys i formen. Hæld den resterende blanding i og bag i en forvarmet ovn ved 180°C/350°F/gasmærke 4 i 1 time. Lad den køle af i formen i 30 minutter, og vend den ud på en rist for at afslutte afkølingen.

Kokos- og citronkage

Gør en 20 cm/8 i kage

100 g/4 oz/½ kop smør eller margarine, blødgjort

75 g/3 oz/1/3 kop blødt brun farin

Revet skal af 1 citron

1 æg, pisket

Et par dråber mandelessens (ekstrakt)

350 g/12 oz/3 kopper selvhævende (selvhævende) mel

60 ml/4 spsk hindbærsyltetøj (konserver)

Til toppingen:

1 æg, pisket

75 g/3 oz/1/3 kop blødt brun farin

225 g/8 oz/2 kopper tørret (revet) kokosnød

Rør smør eller margarine, sukker og citronskal sammen til det er let og luftigt. Pisk gradvist æg- og mandelessensen i, og vend derefter melet i. Hæld blandingen i en smurt og beklædt 20 cm/8 kageform. Hæld marmeladen over blandingen. Pisk ingredienserne til toppingen sammen og fordel det over blandingen. Bages i en forvarmet ovn ved 180°C/350°F/gasmærke 4 i 30 minutter, indtil den er elastisk at røre ved. Lad det køle af i formen.

Kokos nytårskage

Gør en 18 cm/7 i kage

100 g/4 oz/½ kop smør eller margarine, blødgjort

100 g/4 oz/½ kop caster (superfint) sukker

2 æg, let pisket

75 g/3 oz/¾ kop almindeligt (all-purpose) mel

45 ml/3 spsk tørret (revet) kokosnød

30 ml/2 spsk rom

Et par dråber mandelessens (ekstrakt)

Et par dråber citronessens (ekstrakt)

Pisk smør og sukker sammen til det er lyst og luftigt. Pisk gradvist æggene i, og vend derefter mel og kokos i. Rør rom og essenser i. Hæld i en smurt og foret 18 cm/7 kageform (form) og jævn overfladen. Bages i en forvarmet ovn ved 190°C/375°F/gasmærke 5 i 45 minutter, indtil et spyd indsat i midten kommer rent ud. Lad det køle af i formen.

Kokos og Sultana kage

Gør en 23 cm/9 i kage

100 g/4 oz/½ kop smør eller margarine, blødgjort

175 g/6 oz/¾ kop strøsukker (superfint).

2 æg, let pisket

175 g/6 oz/1½ kopper almindeligt (all-purpose) mel

5 ml/1 tsk bagepulver

En knivspids salt

175 g/6 oz/1 kop sultanas (gyldne rosiner)

120 ml/4 fl oz/½ kop mælk

Til fyldet:

1 æg, let pisket

50 g/2 oz/½ kop almindelig kiks (småkage)-krummer

100 g/4 oz/½ kop blødt brun farin

100 g/4 oz/1 kop tørret (revet) kokosnød

Rør smør eller margarine og flormelis sammen til det er lyst og luftigt. Bland gradvist æggene i. Vend mel, bagepulver, salt og sultanas i med nok af mælken til at få en blød dråbekonsistens. Hæld halvdelen af blandingen i en smurt 23 cm/9 kageform (form). Bland ingredienserne til fyldet og hæld det over blandingen, og top derefter med den resterende kageblanding. Bages i en forvarmet ovn ved 180°C/350°F/gasmærke 4 i 1 time, indtil den er fjedrende at røre ved og begynder at krympe væk fra formens sider. Lad den køle af i formen, inden den tages ud.

Crunchy-toppet nøddekage

Gør en 23 cm/9 i kage

225 g/8 oz/1 kop smør eller margarine, blødgjort

225 g/8 oz/1 kop caster (superfint) sukker

2 æg, let pisket

225 g/8 oz/2 kopper almindeligt (all-purpose) mel

2,5 ml/½ tsk bikarbonatsodavand (bagepulver)

2,5 ml/½ tsk fløde tatar

200 ml/7 fl oz/små 1 kop mælk

Til toppingen:

100 g/4 oz/1 kop hakkede blandede nødder

100 g/4 oz/½ kop blødt brun farin

5 ml/1 tsk stødt kanel

Rør smør eller margarine og flormelis sammen til det er lyst og luftigt. Pisk gradvist æggene i, og vend derefter mel, bikarbonat af sodavand og fløde af tatar i skiftevis med mælken. Hæld i en smurt og beklædt 23 cm/9 kageform. Bland nødder, farin og kanel sammen og drys over toppen af kagen. Bag i en forvarmet ovn ved 180°C/350°F/gasmærke 4 i 40 minutter, indtil den er gyldenbrun og krymper væk fra formens sider. Lad den køle af i formen i 10 minutter, og vend den ud på en rist for at afslutte afkølingen.

Blandet nøddekage

Gør en 23 cm/9 i kage

100 g/4 oz/½ kop smør eller margarine, blødgjort

225 g/8 oz/1 kop caster (superfint) sukker

1 æg, pisket

225 g/8 oz/2 kopper selvhævende (selvhævende) mel

10 ml/2 tsk bagepulver

En knivspids salt

250 ml/8 fl oz/1 kop mælk

5 ml/1 tsk vaniljeessens (ekstrakt)

2,5 ml/½ tsk citronessens (ekstrakt)

100 g/4 oz/1 kop hakkede blandede nødder

Pisk smør eller margarine og sukker sammen til det er lyst og luftigt. Pisk gradvist ægget i. Bland mel, bagepulver og salt sammen og tilsæt til blandingen skiftevis med mælk og essenser. Fold nødderne i. Hæld i to smurte og beklædte 23 cm/9 kageforme og bag dem i en forvarmet ovn ved 180°F/350°F/gasmærke 4 i 40 minutter, indtil et spyd, der er sat i midten, kommer rent ud.

Græsk nøddekage

Gør en 25 cm/10 i kage

100 g/4 oz/½ kop smør eller margarine, blødgjort

225 g/8 oz/1 kop caster (superfint) sukker

3 æg, let pisket

250 g/9 oz/2¼ kopper almindeligt (all-purpose) mel

225 g/8 oz/2 kopper valnødder, malede

10 ml/2 tsk bagepulver

5 ml/1 tsk stødt kanel

1,5 ml/¼ tsk stødt nelliker

En knivspids salt

75 ml/5 spsk mælk

Til honningsiruppen:

175 g/6 oz/¾ kop strøsukker (superfint).

75 g/3 oz/¼ kop klar honning

15 ml/1 spsk citronsaft

250 ml/8 fl oz/1 kop kogende vand

Pisk smør eller margarine og sukker sammen til det er lyst og luftigt. Pisk gradvist æggene i, og vend derefter mel, valnødder, bagepulver, krydderier og salt i. Tilsæt mælken og bland til en jævn masse. Hæld i en smurt og meldrysset 25 cm/10 kageform og bag i en forvarmet ovn ved 180°C/350°F/gasmærke 4 i 40 minutter, indtil den er elastisk at røre ved. Lad det køle af i formen i 10 minutter, og flyt derefter over på en rist.

For at lave siruppen blandes sukker, honning, citronsaft og vand sammen og varmes op, indtil det er opløst. Prik den varme kage over det hele med en gaffel, og hæld derefter honningsiruppen over.

Iced valnødde kage

Gør en 18 cm/7 i kage

100 g/4 oz/½ kop smør eller margarine, blødgjort

100 g/4 oz/½ kop caster (superfint) sukker

2 æg, let pisket

100 g/4 oz/1 kop selvhævende (selvhævende) mel

100 g/4 oz/1 kop valnødder, hakket

En knivspids salt

                Til glasuren (frosting):
450 g/1 lb/2 kopper granuleret sukker

150 ml/¼ pt/2/3 kop vand

2 æggehvider

Et par valnøddehalvdele til at dekorere

Rør smør eller margarine og flormelis sammen til det er lyst og luftigt. Pisk gradvist æggene i, og vend derefter mel, nødder og salt i. Hæld blandingen i to smurte og beklædte 18 cm/7 i kageforme (forme) og bag i en forvarmet ovn ved 180°C/350°F/gasmærke 4 i 25 minutter, indtil den er godt hævet og fjedrende at røre ved. Lad afkøle.

Opløs perlesukkeret i vandet ved lav varme under konstant omrøring, bring det derefter i kog og fortsæt med at koge uden omrøring, indtil en dråbe af blandingen danner en blød kugle, når den falder i koldt vand. Pisk imens æggehviderne i en ren skål, til de er stive. Hæld siruppen på æggehviden og pisk indtil blandingen er tyk nok til at dække bagsiden af en ske. Smør kagerne sammen med et lag glasur, fordel derefter resten over toppen og siderne af kagen og pynt med valnøddehalvdele.

Valnøddekage med chokoladecreme

Gør en 18 cm/7 i kage

3 æg

75 g/3 oz/1/3 kop blødt brun farin

50 g/2 oz/½ kop fuldkornsmel (fuldhvede).

25 g/1 oz/¼ kop kakao (usødet chokolade) pulver

Til glasuren (frosting):

150 g/5 oz/1¼ kopper almindelig (halvsød) chokolade

225 g/8 oz/1 kop fedtfattig flødeost

45 ml/3 spsk flormelis (konditorsukker), sigtet

75 g/3 oz/¾ kop valnødder, hakket

15 ml/1 spsk brandy (valgfrit)

Revet chokolade til pynt

Pisk æg og farin sammen til det er bleg og tyk. Vend mel og kakao i. Hæld blandingen i to smurte og forede 18 cm/7 sandwichforme (pander) og bag dem i en forvarmet ovn ved 190°C/375°F/gasmærke 5 i 15-20 minutter, indtil den er godt hævet og fjedrende at røre ved. Tag dem ud af formene og lad dem køle af.

Smelt chokoladen i en varmefast skål over en gryde med let kogende vand. Tag af varmen og rør flødeost og flormelis i, og rør derefter nødder og brandy i, hvis du bruger. Smør kagerne sammen med det meste af fyldet og fordel resten ovenpå. Pynt med revet chokolade.

Valnøddekage med honning og kanel

Gør en 23 cm/9 i kage

225 g/8 oz/2 kopper almindeligt (all-purpose) mel

10 ml/2 tsk bagepulver

5 ml/1 tsk bicarbonat sodavand (bagepulver)

5 ml/1 tsk stødt kanel

En knivspids salt

100 g/4 oz/1 kop almindelig yoghurt

75 ml/5 spsk olie

100 g/4 oz/1/3 kop klar honning

1 æg, let pisket

5 ml/1 tsk vaniljeessens (ekstrakt)

Til fyldet:

50 g/2 oz/½ kop hakkede valnødder

225 g/8 oz/1 kop blødt brun farin

10 ml/2 tsk stødt kanel

30 ml/2 spsk olie

Bland de tørre ingredienser til kagen og lav en fordybning i midten. Pisk de resterende kageingredienser sammen og bland i de tørre ingredienser. Bland ingredienserne til fyldet sammen. Hæld halvdelen af kageblandingen i en smurt og meldrysset 23 cm/9 kageform (form) og drys med halvdelen af fyldet. Tilsæt den resterende kageblanding og derefter det resterende fyld. Bages i en forvarmet ovn ved 180°C/350°F/gasmærke 4 i 30 minutter, indtil de er godt hævet og gyldenbrune og begynder at krympe væk fra grydens sider.

Mandel- og honningbarer

Gør 10

15 g/½ oz frisk gær eller 20 ml/4 tsk tørret gær

45 ml/3 spsk flormelis (superfint) sukker

120 ml/4 fl oz/½ kop varm mælk

300 g/11 oz/2¾ kopper almindeligt (all-purpose) mel

En knivspids salt

1 æg, let pisket

50 g/2 oz/¼ kop smør eller margarine, blødgjort

300 ml/½ pt/1¼ kopper dobbelt (tung) creme

30 ml/2 spsk flormelis (konditor-)sukker, sigtet

45 ml/3 spsk klar honning

300 g/11 oz/2¾ kopper i flager (skårede) mandler

Bland gæren, 5 ml/1 tsk af strøsukkeret og lidt af mælken og lad det stå et lunt sted i 20 minutter, indtil det er skummende. Bland det resterende sukker med mel og salt og lav en fordybning i midten. Bland gradvist æg, smør eller margarine, gærblanding og den resterende varme mælk i og bland til en blød dej. Ælt på en let meldrysset overflade, indtil den er glat og elastisk. Læg i en oliesmurt skål, dæk med olieret husholdningsfilm (plastfolie) og lad stå et lunt sted i 45 minutter, indtil den er dobbelt så stor.

Ælt dejen igen, rul den derefter ud og læg den i en 30 x 20 cm/12 x 8 smurt kageform, prik det hele med en gaffel, dæk til og lad den stå et lunt sted i 10 minutter.

Kom 120 ml/½ kop fløde, flormelis og honning i en lille gryde og bring det i kog. Tag af varmen og bland mandlerne i. Fordel over dejen, og bag den derefter i en forvarmet ovn ved 200°C/400°F/gasmærke 6 i 20 minutter, indtil den er gylden og fjedrende at røre ved, og dæk med fedtfast (vokset) papir, hvis toppen begynder at brune for meget før slutningen af madlavningen. Vend ud og lad køle af.

Skær kagen i halve vandret. Pisk den resterende fløde stiv og fordel den over den nederste halvdel af kagen. Top med den mandelbelagte halvdel af kagen og skær den i stænger.

Æble- og solbærsmuldrestænger

Gør 12

175 g/6 oz/1½ kopper almindeligt (all-purpose) mel

5 ml/1 tsk bagepulver

En knivspids salt

175 g/6 oz/¾ kop smør eller margarine

225 g/8 oz/1 kop blødt brun farin

100 g/4 oz/1 kop havregryn

450 g/1 lb tilberedte (tærte) æbler, skrællede, udkernede og skåret i skiver

30 ml/2 spsk majsmel (majsstivelse)

10 ml/2 tsk stødt kanel

2,5 ml/½ tsk revet muskatnød

2,5 ml/½ tsk stødt allehånde

225 g/8 oz solbær

Bland mel, bagepulver og salt, og gnid derefter smør eller margarine i. Rør sukker og havre i. Hæld halvdelen i bunden af en smurt og beklædt 25 cm/9 i firkantet kageform. Bland æbler, majsmel og krydderier og fordel over. Top med solbærene. Hæld den resterende blanding over og plan toppen. Bages i en forvarmet ovn ved 180°C/350°F/gasmærke 4 i 30 minutter, indtil de er spændstige. Lad det køle af, og skær derefter i stænger.

Abrikos- og havregrynsbarer

Gør 24

75 g/3 oz/½ kop tørrede abrikoser

25 g/1 oz/3 spsk sultanas (gyldne rosiner)

250 ml/8 fl oz/1 kop vand

5 ml/1 tsk citronsaft

150 g/5 oz/2/3 kop blødt brun farin

50 g/2 oz/½ kop tørret (revet) kokosnød

50 g/2 oz/½ kop almindeligt (all-purpose) mel

2,5 ml/½ tsk bikarbonatsodavand (bagepulver)

100 g/4 oz/1 kop havregryn

50 g/2 oz/¼ kop smør, smeltet

Kom abrikoser, sultanas, vand, citronsaft og 30 ml/2 spsk af brun farin i en lille gryde og rør ved svag varme, indtil de er tykke. Rør kokosen i og lad den køle af. Bland mel, sodavand, havre og det resterende sukker, og bland derefter det smeltede smør i. Pres halvdelen af havreblandingen ned i bunden af en smurt 20 cm/8 i firkantet bageform (pande), og fordel derefter abrikosblandingen ovenpå. Dæk med den resterende havreblanding og tryk let ned. Bages i en forvarmet ovn ved 180°C/350°F/gasmærke 4 i 30 minutter, indtil de er gyldne. Lad det køle af, og skær derefter i stænger.

Abrikos crunchies

Gør 16

100 g/4 oz/2/3 kop spiseklare tørrede abrikoser

120 ml/4 fl oz/½ kop appelsinjuice

100 g/4 oz/½ kop smør eller margarine

75 g/3 oz/¾ kop fuldkornsmel (fuldhvede).

75 g/3 oz/¾ kop havregryn

75 g/3 oz/1/3 kop demerara sukker

Udblød abrikoserne i appelsinjuicen i mindst 30 minutter, indtil de er bløde, og dræn derefter og hak. Gnid smørret eller margarinen ind i melet, indtil blandingen minder om brødkrummer. Rør havre og sukker i. Pres halvdelen af blandingen ud i en smurt 30 x 20 cm/12 x 8 i en rulleform (gelérullepande) og drys abrikoserne over. Fordel den resterende blanding ovenpå og tryk forsigtigt ned. Bages i en forvarmet ovn ved 180°C/350°F/gasmærke 4 i 25 minutter, indtil de er gyldenbrune. Lad den køle af i formen, inden den vendes ud og skæres i stænger.

Nøddeagtige bananstænger

Gør omkring 14

50 g/2 oz/¼ kop smør eller margarine, blødgjort

75 g/3 oz/1/3 kop caster (superfint) eller blødt brun farin

2 store bananer, hakket

175 g/6 oz/1½ kopper almindeligt (all-purpose) mel

7,5 ml/1½ tsk bagepulver

2 æg, pisket

50 g/2 oz/½ kop valnødder, groft hakkede

Bland smør eller margarine og sukker sammen. Mos bananerne og rør i blandingen. Bland mel og bagepulver. Tilsæt mel, æg og nødder til bananblandingen og pisk godt. Hæld i en smurt og foret kageform på 18 x 28 cm/7 x 11, plan overfladen og bag i en forvarmet ovn ved 160°C/325°F/gasmærke 3 i 30-35 minutter, indtil den er elastisk at røre ved. Lad den køle af i et par minutter i formen, og vend den ud på en rist for at afslutte afkølingen. Skær i cirka 14 barer.

Amerikanske Brownies

Gør omkring 15

2 store æg

225 g/8 oz/1 kop caster (superfint) sukker

50 g/2 oz/¼ kop smør eller margarine, smeltet

2,5 ml/½ tsk vaniljeessens (ekstrakt)

75 g/3 oz/¾ kop almindeligt (all-purpose) mel

45 ml/3 spsk kakao (usødet chokolade) pulver

2,5 ml/½ tsk bagepulver

En knivspids salt

50 g/2 oz/½ kop valnødder, groft hakkede

Pisk æg og sukker sammen til det er tykt og cremet. Pisk smør og vaniljeessens i. Sigt mel, kakao, bagepulver og salt i og vend i blandingen med valnødderne. Vend i en godt smurt 20 cm/8 i firkantet kageform (form). Bages i en forvarmet ovn ved 180°C/350°F/gasmærke 4 i 40-45 minutter, indtil den er elastisk at røre ved. Lad stå i formen i 10 minutter, skær derefter i firkanter og flyt dem over på en rist, mens de stadig er varme.

Chokolade Fudge Brownies

Gør omkring 16

225 g/8 oz/1 kop smør eller margarine

175 g/6 oz/¾ kop granuleret sukker

350 g/12 oz/3 kopper selvhævende (selvhævende) mel

30 ml/2 spsk kakao (usødet chokolade) pulver

Til glasuren (frosting):
175 g/6 oz/1 kop flormelis (konditorsukker), sigtet

30 ml/2 spsk kakao (usødet chokolade) pulver

Kogende vand

Smelt smør eller margarine, og rør derefter perlesukker i. Rør mel og kakao i. Tryk i en foret 18 x 28 cm/7 x 11 bageform. Bages i en forvarmet ovn ved 180°C/350°F/gasmærke 4 i ca. 20 minutter, indtil den er elastisk at røre ved.

For at lave glasuren sigtes flormelis og kakao i en skål og tilsæt en dråbe kogende vand. Rør indtil godt blandet, tilsæt en dråbe mere vand, hvis det er nødvendigt. Is brownies mens de stadig er varme (men ikke varme), og lad dem derefter køle af, inden de skæres i firkanter.

Valnød og chokolade brownies

Gør 12

50 g/2 oz/½ kop almindelig (halvsød) chokolade

75 g/3 oz/1/3 kop smør eller margarine

225 g/8 oz/1 kop caster (superfint) sukker

75 g/3 oz/¾ kop almindeligt (all-purpose) mel

75 g/3 oz/¾ kop valnødder, hakket

50 g/2 oz/½ kop chokoladechips

2 æg, pisket

2,5 ml/½ tsk vaniljeessens (ekstrakt)

Smelt chokolade og smør eller margarine i en varmefast skål over en gryde med let simrende vand. Fjern fra varmen og rør de resterende ingredienser i. Hæld i en smurt og beklædt 20 cm/8 kageform og bag i en forvarmet ovn ved 180°C/350°F/gasmærke 4 i 30 minutter, indtil et spyd, der er sat i midten, kommer rent ud. Lad det køle af i formen, og skær derefter i firkanter.

Smørstænger

Gør 16

100 g/4 oz/½ kop smør eller margarine, blødgjort

100 g/4 oz/½ kop caster (superfint) sukker

1 æg, adskilt

100 g/4 oz/1 kop almindeligt (all-purpose) mel

25 g/1 oz/¼ kop hakkede blandede nødder

Pisk smør eller margarine og sukker sammen til det er lyst og luftigt. Blend æggeblommen i, og rør derefter mel og nødder i til en ret stiv blanding. Er den for stiv, tilsæt lidt mælk; hvis den er flydende, rør lidt mere mel i. Hæld dejen i en smurt 30 x 20 cm/12 x 8 i Swiss Roll-form (gelérullepande). Pisk æggehviden til den er skummende og fordel den over blandingen. Bages i en forvarmet ovn ved 180°C/350°F/gasmærke 4 i 30 minutter, indtil de er gyldne. Lad det køle af, og skær derefter i stænger.

Cherry Toffee Traybage

Gør 12

100 g/4 oz/1 kop mandler

225 g/8 oz/1 kop glacé (kandiserede) kirsebær, halveret

225 g/8 oz/1 kop smør eller margarine, blødgjort

225 g/8 oz/1 kop caster (superfint) sukker

3 æg, pisket

100 g/4 oz/1 kop selvhævende (selvhævende) mel

50 g/2 oz/½ kop malede mandler

5 ml/1 tsk bagepulver

5 ml/1 tsk mandelessens (ekstrakt)

Drys mandler og kirsebær over bunden af en smurt og beklædt 20 cm/8 kageform. Smelt 50 g/2 oz/¼ kop af smørret eller margarinen med 50 g/2 oz/¼ kop af sukkeret, og hæld det derefter over kirsebærene og nødderne. Pisk det resterende smør eller margarine og sukker let og luftigt, pisk derefter æggene i og bland mel, malede mandler, bagepulver og mandelessens i. Hæld blandingen i formen og plan toppen. Bages i en forvarmet ovn ved 160°C/325°F/gasmærke 3 i 1 time. Lad den køle af i formen i et par minutter, og vend derefter forsigtigt op på en rist, og skrab eventuelt noget af toppen af foringspapiret. Lad det køle helt af inden skæring.

Chocolate Chip Traybage

Gør 24

100 g/4 oz/½ kop smør eller margarine, blødgjort

100 g/4 oz/½ kop blødt brun farin

50 g/2 oz/¼ kop caster (superfint) sukker

1 æg

5 ml/1 tsk vaniljeessens (ekstrakt)

100 g/4 oz/1 kop almindeligt (all-purpose) mel

2,5 ml/½ tsk bikarbonatsodavand (bagepulver)

En knivspids salt

100 g/4 oz/1 kop chokoladechips

Rør smør eller margarine og sukker sammen til det er let og luftigt, og tilsæt derefter gradvist æg og vaniljeessens. Rør mel, bikarbonat af sodavand og salt i. Rør chokoladestykkerne i. Hæld i en smurt og meldrysset 25 cm/12 firkantet bageform og bag i en forvarmet ovn ved 190°C/375°F/gasmærke 2 i 15 minutter, indtil den er gyldenbrun. Lad det køle af, og skær derefter i firkanter.

Kanel Crumble Layer

Gør 12

Til basen:

100 g/4 oz/½ kop smør eller margarine, blødgjort

30 ml/2 spsk klar honning

2 æg, let pisket

100 g/4 oz/1 kop almindeligt (all-purpose) mel

Til crumblen:

75 g/3 oz/1/3 kop smør eller margarine

75 g/3 oz/¾ kop almindeligt (all-purpose) mel

75 g/3 oz/¾ kop havregryn

5 ml/1 tsk stødt kanel

50 g/2 oz/¼ kop demerara sukker

Rør smør eller margarine og honning sammen til det er let og luftigt. Pisk gradvist æggene i, og vend derefter melet i. Hæld halvdelen af blandingen i en smurt 20 cm/8 firkantet kageform (form) og jævn overfladen.

For at lave crumblen skal du gnide smørret eller margarinen ind i melet, indtil blandingen ligner brødkrummer. Rør havre, kanel og sukker i. Hæld halvdelen af crumblen i formen, top med den resterende kageblanding, derefter den resterende crumble. Bag i en forvarmet ovn ved 190°C/375°F/gasmærke 5 i ca. 35 minutter, indtil et spyd, der er indsat i midten, kommer rent ud. Lad det køle af, og skær derefter i stænger.

Klædte kanelstænger

Gør 16

225 g/8 oz/2 kopper almindeligt (all-purpose) mel

10 ml/2 tsk bagepulver

225 g/8 oz/1 kop blødt brun farin

15 ml/1 spsk smeltet smør

250 ml/8 fl oz/1 kop mælk

30 ml/2 spsk demerara sukker

10 ml/2 tsk stødt kanel

25 g/1 oz/2 spsk smør, afkølet og skåret i tern

Bland mel, bagepulver og sukker sammen. Rør det smeltede smør og mælk i og blend det godt sammen. Pres blandingen ud i to 23 cm/9 i firkantede kagedåser (forme). Drys toppene med demerara sukker og kanel, og tryk derefter stykker af smør ud over overfladen. Bages i en forvarmet ovn ved 180°C/350°F/gasmærke 4 i 30 minutter. Smørret vil lave huller i blandingen og blive klistret, mens det koger.

Kokosbarer

Gør 16

75 g/3 oz/1/3 kop smør eller margarine

100 g/4 oz/1 kop almindeligt (all-purpose) mel

30 ml/2 spsk flormelis (superfint) sukker

2 æg

100 g/4 oz/½ kop blødt brun farin

En knivspids salt

175 g/6 oz/1½ kopper tørret (revet) kokosnød

50 g/2 oz/½ kop hakkede blandede nødder

Orange glasur

Gnid smørret eller margarinen ind i melet, indtil blandingen minder om brødkrummer. Rør sukkeret i og tryk det ud i en usmurt 23 cm/9 i firkantet bageform (form). Bages i en forvarmet ovn ved 190°C/350°F/gasmærke 4 i 15 minutter, indtil de lige er stivnet.

Blend æg, farin og salt sammen, rør derefter kokos og nødder i og fordel ud over bunden. Bages i 20 minutter, indtil de er sat og gyldne. Is med appelsinglasur, når den er afkølet. Skær i stænger.

Sandwichbarer med kokos og syltetøj

Gør 16

25 g/1 oz/2 spsk smør eller margarine

175 g/6 oz/1½ kopper selvhævende (selvhævende) mel

225 g/8 oz/1 kop caster (superfint) sukker

2 æggeblommer

75 ml/5 spsk vand

175 g/6 oz/1½ kopper tørret (revet) kokosnød

4 æggehvider

50 g/2 oz/½ kop almindeligt (all-purpose) mel

100 g/4 oz/1/3 kop jordbærsyltetøj (konserver)

Gnid smørret eller margarinen ind i det selvhævende mel, og rør derefter 50 g/¼ kop sukker i. Pisk æggeblommer og 45 ml/3 spsk af vandet sammen og rør i blandingen. Pres ned i bunden af en smurt 30 x 20 cm/12 x 8 i Swiss Roll-form (gelérullepande) og prik med en gaffel. Bages i en forvarmet ovn ved 180°C/350°F/gasmærke 4 i 12 minutter. Lad afkøle.

Kom kokosnødden, det resterende sukker og vand og en æggehvide i en gryde og rør ved svag varme, indtil blandingen bliver klumpet uden at den brunes. Lad afkøle. Bland det almindelige mel i. Pisk de resterende æggehvider stive, og vend dem derefter i blandingen. Fordel marmeladen over bunden, og fordel derefter med kokostoppingen. Bages i ovnen i 30 minutter, indtil de er gyldenbrune. Lad den køle af i formen, inden den skæres i stænger.

Daddel- og æblebakke

Gør 12

1 kogende (tærte) æble, skrællet, udkernet og hakket

225 g/8 oz/11/3 kopper udstenede (udstenede) dadler, hakket

150 ml/¼ pt/2/3 kop vand

350 g/12 oz/3 kopper havregryn

175 g/6 oz/¾ kop smør eller margarine, smeltet

45 ml/3 spsk demerara sukker

5 ml/1 tsk stødt kanel

Kom æbler, dadler og vand i en gryde og lad det simre forsigtigt i cirka 5 minutter, indtil æblerne er bløde. Lad afkøle. Bland havre, smør eller margarine, sukker og kanel sammen. Hæld halvdelen i en smurt 20 cm/8 i firkantet kageform (form) og jævn overfladen. Top med æble- og dadelblandingen, dæk derefter med den resterende havreblanding og jævn overfladen. Tryk forsigtigt ned. Bages i en forvarmet ovn ved 190°C/375°F/gasmærke 5 i ca. 30 minutter, indtil de er gyldenbrune. Lad det køle af, og skær derefter i stænger.

Dadelskiver

Gør 12

225 g/8 oz/11/3 kopper udstenede (udstenede) dadler, hakket

30 ml/2 spsk klar honning

30 ml/2 spsk citronsaft

225 g/8 oz/1 kop smør eller margarine

225 g/8 oz/2 kopper fuldkornsmel (fuldhvede).

225 g/8 oz/2 kopper havregryn

75 g/3 oz/1/3 kop blødt brun farin

Svits dadler, honning og citronsaft ved svag varme i et par minutter, indtil dadlerne er bløde. Gnid smørret eller margarinen ind i mel og havre, indtil blandingen ligner brødkrummer, og rør derefter sukkeret i. Hæld halvdelen af blandingen i en smurt og beklædt 20 cm/8 i firkantet kageform. Hæld dadelblandingen over toppen, og afslut derefter med den resterende kageblanding. Tryk godt ned. Bages i en forvarmet ovn ved 190°C/375°F/gasmærke 5 i 35 minutter, indtil den er elastisk at røre ved. Lad den køle af i formen, skær i skiver, mens den stadig er varm.

Bedstemors daddelbarer

Gør 16

100 g/4 oz/½ kop smør eller margarine, blødgjort

225 g/8 oz/1 kop blødt brun farin

2 æg, let pisket

175 g/6 oz/1½ kopper almindeligt (all-purpose) mel

2,5 ml/½ tsk bikarbonatsodavand (bagepulver)

5 ml/1 tsk stødt kanel

En knivspids malet nelliker

En knivspids revet muskatnød

175 g/6 oz/1 kop udstenede (udstenede) dadler, hakket

Pisk smør eller margarine og sukker sammen til det er lyst og luftigt. Tilsæt gradvist æggene, pisk godt efter hver tilsætning. Rør de resterende ingredienser i, indtil de er godt blandet. Hæld i en smurt og meldrysset 23 cm/9 firkantet bageform og bag i en forvarmet ovn ved 180°C/350°F/gasmærke 4 i 25 minutter, indtil et spyd, der er sat i midten, kommer rent ud. Lad det køle af, og skær derefter i stænger.

Daddel- og havregrynsbarer

Gør 16

175 g/6 oz/1 kop udstenede (udstenede) dadler, hakket

15 ml/1 spsk klar honning

30 ml/2 spsk vand

225 g/8 oz/2 kopper fuldkornsmel (fuldhvede).

100 g/4 oz/1 kop havregryn

100 g/4 oz/½ kop blødt brun farin

150 g/5 oz/2/3 kop smør eller margarine, smeltet

Svits dadler, honning og vand i en lille gryde, indtil dadlerne er bløde. Bland mel, havre og sukker sammen, og bland derefter det smeltede smør eller margarine i. Pres halvdelen af blandingen i en smurt 18 cm/7 i firkantet kageform, drys med dadelblandingen, top derefter den resterende havreblanding og tryk forsigtigt ned. Bages i en forvarmet ovn ved 180°C/350°F/gasmærke 4 i 1 time, indtil den er fast og gylden. Lad det køle af i dåsen, skær i stænger, mens det stadig er varmt.

Daddel- og valnøddestænger

Gør 12

100 g/4 oz/½ kop smør eller margarine, blødgjort

150 g/5 oz/2/3 kop strøsukker (superfint).

1 æg, let pisket

100 g/4 oz/1 kop selvhævende (selvhævende) mel

225 g/8 oz/11/3 kopper udstenede (udstenede) dadler, hakket

100 g/4 oz/1 kop valnødder, hakket

15 ml/1 spsk mælk (valgfrit)

100 g/4 oz/1 kop almindelig (halvsød) chokolade

Pisk smør eller margarine og sukker sammen til det er lyst og luftigt. Bland ægget i, derefter mel, dadler og valnødder, tilsæt lidt af mælken, hvis blandingen er for stiv. Hæld i en smurt 30 x 20 cm/12 x 8 i Swiss Roll-form (gelérulleform) og bag i en forvarmet ovn ved 180°C/350°F/gasmærke 4 i 30 minutter, indtil den er elastisk at røre ved. Lad afkøle.

Smelt chokoladen i en varmefast skål over en gryde med let kogende vand. Fordel over blandingen og lad afkøle og sætte sig. Skær i stænger med en skarp kniv.

Figenstænger

Gør 16

225 g/8 oz friske figner, hakket

30 ml/2 spsk klar honning

15 ml/1 spsk citronsaft

225 g/8 oz/2 kopper fuldkornsmel (fuldhvede).

225 g/8 oz/2 kopper havregryn

225 g/8 oz/1 kop smør eller margarine

75 g/3 oz/1/3 kop blødt brun farin

Svits figner, honning og citronsaft ved svag varme i 5 minutter. Lad køle lidt af. Bland mel og havre sammen, gnid derefter smør eller margarine i og rør sukkeret i. Pres halvdelen af blandingen i en smurt 20 cm/8 i firkantet kageform (pande), og hæld derefter figenblandingen over toppen. Dæk den resterende kageblanding og tryk godt ned. Bages i en forvarmet ovn ved 180°C/350°F/gasmærke 4 i 30 minutter, indtil de er gyldenbrune. Lad det køle af i formen, og skær derefter i skiver, mens det stadig er varmt.

Flapjacks

Gør 16

75 g/3 oz/1/3 kop smør eller margarine

50 g/2 oz/3 spsk gylden (lys majs) sirup

100 g/4 oz/½ kop blødt brun farin

175 g/6 oz/1½ kopper havregryn

Smelt smør eller margarine med sirup og sukker, og rør derefter havren i. Tryk i en smurt 20 cm/8 i firkantet form og bag i en forvarmet ovn ved 180°C/350°F/gasmærke 4 i ca. 20 minutter, indtil den er let gylden. Lad den køle lidt af, inden den skæres i stænger, og lad den derefter køle helt af i formen, inden den vendes ud.

Cherry Flapjacks

Gør 16

75 g/3 oz/1/3 kop smør eller margarine

50 g/2 oz/3 spsk gylden (lys majs) sirup

100 g/4 oz/½ kop blødt brun farin

175 g/6 oz/1½ kopper havregryn

100 g/4 oz/1 kop glacé (kandiserede) kirsebær, hakket

Smelt smør eller margarine med sirup og sukker, og rør derefter havre og kirsebær i. Tryk i en smurt 20 cm/8 i firkantet kageform og bag i en forvarmet ovn ved 180°C/350°F/gasmærke 4 i ca. 20 minutter, indtil den er let gylden. Lad den køle lidt af, inden den skæres i stænger, og lad den derefter køle helt af i formen, inden den vendes ud.

Chokolade Flapjacks

Gør 16

75 g/3 oz/1/3 kop smør eller margarine

50 g/2 oz/3 spsk gylden (lys majs) sirup

100 g/4 oz/½ kop blødt brun farin

175 g/6 oz/1½ kopper havregryn

100 g/4 oz/1 kop chokoladechips

Smelt smør eller margarine med sirup og sukker, og rør derefter havre og chokoladechips i. Tryk i en smurt 20 cm/8 i firkantet kageform og bag i en forvarmet ovn ved 180°C/350°F/gasmærke 4 i ca. 20 minutter, indtil den er let gylden. Lad den køle lidt af, inden den skæres i stænger, og lad den derefter køle helt af i formen, inden den vendes ud.

Frugt Flapjacks

Gør 16

75 g/3 oz/1/3 kop smør eller margarine

100 g/4 oz/½ kop blødt brun farin

50 g/2 oz/3 spsk gylden (lys majs) sirup

175 g/6 oz/1½ kopper havregryn

75 g/3 oz/½ kop rosiner, sultanas eller anden tørret frugt

Smelt smør eller margarine med sukker og sirup, og rør derefter havre og rosiner i. Tryk i en smurt 20 cm/8 i firkantet kageform og bag i en forvarmet ovn ved 180°C/350°F/gasmærke 4 i ca. 20 minutter, indtil den er let gylden. Lad den køle lidt af, inden den skæres i stænger, og lad den derefter køle helt af i formen, inden den vendes ud.

Frugt- og nøddeflapjacks

Gør 16

75 g/3 oz/1/3 kop smør eller margarine

100 g/4 oz/1/3 kop klar honning

50 g/2 oz/1/3 kop rosiner

50 g/2 oz/½ kop valnødder, hakket

175 g/6 oz/1½ kopper havregryn

Smelt smør eller margarine med honningen ved svag varme. Rør rosiner, valnødder og havre i og bland det godt sammen. Hæld i en smurt 23 cm/9 i firkantet kageform og bag i en forvarmet ovn ved 180°C/350°F/gasmærke 4 i 25 minutter. Lad det køle af i dåsen, skær i stænger, mens det stadig er varmt.

Ginger Flapjacks

Gør 16

75 g/3 oz/1/3 kop smør eller margarine

100 g/4 oz/½ kop blødt brun farin

50 g/2 oz/3 spsk sirup fra en krukke med stilk ingefær

175 g/6 oz/1½ kopper havregryn

4 stykker stilk ingefær, finthakket

Smelt smør eller margarine med sukker og sirup, og rør derefter havre og ingefær i. Tryk i en smurt 20 cm/8 i firkantet kageform og bag i en forvarmet ovn ved 180°C/350°F/gasmærke 4 i ca. 20 minutter, indtil den er let gylden. Lad den køle lidt af, inden den skæres i stænger, og lad den derefter køle helt af i formen, inden den vendes ud.

Nutty Flapjacks

Gør 16

75 g/3 oz/1/3 kop smør eller margarine

50 g/2 oz/3 spsk gylden (lys majs) sirup

100 g/4 oz/½ kop blødt brun farin

175 g/6 oz/1½ kopper havregryn

100 g/4 oz/1 kop hakkede blandede nødder

Smelt smør eller margarine med sirup og sukker, og rør derefter havre og nødder i. Tryk i en smurt 20 cm/8 i firkantet kageform og bag i en forvarmet ovn ved 180°C/350°F/gasmærke 4 i ca. 20 minutter, indtil den er let gylden. Lad den køle lidt af, inden den skæres i stænger, og lad den derefter køle helt af i formen, inden den vendes ud.

Skarpe citronsmørkager

Gør 16

100 g/4 oz/1 kop almindeligt (all-purpose) mel

100 g/4 oz/½ kop smør eller margarine, blødgjort

75 g/3 oz/½ kop flormelis (konditorsukker), sigtet

2,5 ml/½ tsk bagepulver

En knivspids salt

30 ml/2 spsk citronsaft

10 ml/2 tsk revet citronskal

Blend mel, smør eller margarine, flormelis og bagepulver sammen. Tryk i en smurt 23 cm/9 i firkantet kageform og bag i en forvarmet ovn ved 180°C/350°F/gasmærke 4 i 20 minutter.

Bland de resterende ingredienser sammen og pisk til det er let og luftigt. Hæld den varme bund over, reducer ovntemperaturen til 160°C/325°F/gasmærke 3 og sæt den tilbage i ovnen i yderligere 25 minutter, indtil den er elastisk at røre ved. Lad det køle af, og skær derefter i firkanter.

Mokka og kokosnøddefirkanter

Gør 20

1 æg

100 g/4 oz/½ kop caster (superfint) sukker

100 g/4 oz/1 kop almindeligt (all-purpose) mel

10 ml/2 tsk bagepulver

En knivspids salt

75 ml/5 spsk mælk

75 g/3 oz/1/3 kop smør eller margarine, smeltet

15 ml/1 spsk kakao (usødet chokolade) pulver

2,5 ml/½ tsk vaniljeessens (ekstrakt)

Til toppingen:

75 g/3 oz/½ kop flormelis (konditorsukker), sigtet

50 g/2 oz/¼ kop smør eller margarine, smeltet

45 ml/3 spsk varm stærk sort kaffe

15 ml/1 spsk kakao (usødet chokolade) pulver

2,5 ml/½ tsk vaniljeessens (ekstrakt)

25 g/1 oz/¼ kop tørret (revet) kokosnød

Pisk æg og sukker sammen til det er lyst og luftigt. Rør mel, bagepulver og salt i skiftevis med mælk og smeltet smør eller margarine. Rør kakao og vaniljeessens i. Hæld blandingen i en smurt 20 cm/8 firkantet kageform og bag i en forvarmet ovn ved 200°C/400°F/gasmærke 6 i 15 minutter, indtil den er godt hævet og fjedrende at røre ved.

For at lave toppingen blandes flormelis, smør eller margarine, kaffe, kakao og vaniljeessens sammen. Fordel over den lune kage og drys med kokos. Lad det køle af i formen, vend derefter ud og skær i firkanter.

Hej Dolly Cookies

Gør 16

100 g/4 oz/½ kop smør eller margarine

100 g/4 oz/1 kop digestive kiks

(Graham cracker) krummer

100 g/4 oz/1 kop chokoladechips

100 g/4 oz/1 kop tørret (revet) kokosnød

100 g/4 oz/1 kop valnødder, hakket

400 g/14 oz/1 stor dåse kondenseret mælk

Smelt smør eller margarine og rør kikskrummerne i. Pres blandingen ned i bunden af en smurt og foliebeklædt 28 x 18 cm/11 x 7 i kagedåse (form). Drys med chokoladechips, derefter kokos og til sidst valnødderne. Hæld den kondenserede mælk over toppen og bag i en forvarmet ovn ved 180°C/350°F/gasmærke 4 i 25 minutter. Skær i stænger, mens de stadig er varme, og lad dem derefter køle helt af.

Kokosbarer med nødder og chokolade

Gør 12

75 g/3 oz/¾ kop mælkechokolade

75 g/3 oz/¾ kop almindelig (halvsød) chokolade

75 g/3 oz/1/3 kop knasende jordnøddesmør

75 g/3 oz/¾ kop digestive kiks (Graham cracker) krummer

75 g/3 oz/¾ kop valnødder, knust

75 g/3 oz/¾ kop tørret (revet) kokosnød

75 g/3 oz/¾ kop hvid chokolade

Smelt mælkechokoladen i en varmefast skål over en gryde med let kogende vand. Fordel ud over bunden af en 23 cm/7 i firkantet kageform (form) og lad stivne.

Smelt forsigtigt almindelig chokolade og jordnøddesmør ved svag varme, og rør derefter kiks, valnødder og kokos i. Fordel over den indstillede chokolade og stil på køl til den er stivnet.

Smelt den hvide chokolade i en varmefast skål over en gryde med let kogende vand. Dryp over kiksene i et mønster, og lad dem stivne, inden de skæres i stænger.

Nøddeagtige firkanter

Gør 12

75 g/3 oz/¾ kop almindelig (halvsød) chokolade

50 g/2 oz/¼ kop smør eller margarine

100 g/4 oz/½ kop caster (superfint) sukker

2 æg

5 ml/1 tsk vaniljeessens (ekstrakt)

75 g/3 oz/¾ kop almindeligt (all-purpose) mel

2,5 ml/½ tsk bagepulver

100 g/4 oz/1 kop hakkede blandede nødder

Smelt chokoladen i en varmefast skål over en gryde med let kogende vand. Rør smørret i, indtil det er smeltet, og rør derefter sukkeret i. Tag af varmen og pisk æg og vaniljeessens i. Vend mel, bagepulver og nødder i. Hæld blandingen i en smurt 25 cm/10 i firkantet kageform og bag i en forvarmet ovn ved 180°C/350°F/gasmærke 4 i 15 minutter, indtil den er gylden. Skær i små firkanter, mens de stadig er varme.

Appelsin Pecan Skiver

Gør 16

375 g/13 oz/3¼ kopper almindeligt (all-purpose) mel

275 g/10 oz/1¼ kopper strøsukker (superfint).

5 ml/1 tsk bagepulver

75 g/3 oz/1/3 kop smør eller margarine

2 æg, pisket

175 ml/6 fl oz/¾ kop mælk

200 g/7 oz/1 lille dåse mandariner, drænet og groft hakket

100 g/4 oz/1 kop pecannødder, hakket

Fint revet skal af 2 appelsiner

10 ml/2 tsk stødt kanel

Bland 325 g/12 oz/3 kopper af melet, 225 g/8 oz/1 kop sukker og bagepulveret sammen. Smelt 50 g/2 oz/¼ kop smør eller margarine og rør æg og mælk i. Bland forsigtigt væsken i de tørre ingredienser, indtil den er glat. Vend mandariner, pekannødder og appelsinskal i. Hæld i en smurt og beklædt 30 x 20 cm/12 x 8 bageform. Gnid det resterende mel, sukker, smør og kanel sammen og drys over kagen. Bages i en forvarmet ovn ved 180°C/350°F/gasmærke 4 i 40 minutter, indtil de er gyldne. Lad det køle af i formen, og skær derefter i ca. 16 skiver.

Parkin

Giver 16 firkanter

100 g/4 oz/½ kop spæk (afkortning)

100 g/4 oz/½ kop smør eller margarine

75 g/3 oz/1/3 kop blødt brun farin

100 g/4 oz/1/3 kop gylden (lys majs) sirup

100 g/4 oz/1/3 kop sort sirup (melasse)

10 ml/2 tsk bicarbonat sodavand (bagepulver)

150 ml/¼ pt/2/3 kop mælk

225 g/8 oz/2 kopper fuldkornsmel (fuldhvede).

225 g/8 oz/2 kopper havregryn

10 ml/2 tsk malet ingefær

2,5 ml/½ tsk salt

Smelt spæk, smør eller margarine, sukker, sirup og sirup sammen i en gryde. Opløs sodavandet i mælken og rør i gryden med de resterende ingredienser. Hæld i en smurt og foret 20 cm/8 i firkantet kageform og bag i en forvarmet ovn ved 160°C/325°F/gasmærke 3 i 1 time, indtil den er fast. Det kan synke på midten. Lad den køle af, og opbevar derefter i en lufttæt beholder i et par dage, inden den skæres i firkanter og serveres.

Peanut Butter Bars

Gør 16

100 g/4 oz/1 kop smør eller margarine

175 g/6 oz/1¼ kopper almindeligt (all-purpose) mel

175 g/6 oz/¾ kop blødt brun farin

75 g/3 oz/1/3 kop jordnøddesmør

En knivspids salt

1 lille æggeblomme, pisket

2,5 ml/½ tsk vaniljeessens (ekstrakt)

100 g/4 oz/1 kop almindelig (halvsød) chokolade

50 g/2 oz/2 kopper puffede riskorn

Gnid smørret eller margarinen ind i melet, indtil blandingen minder om brødkrummer. Rør sukker, 30 ml/2 spsk af jordnøddesmør og salt i. Rør æggeblomme og vaniljeessens i og bland, indtil det er godt blandet. Tryk i en 25 cm/10 i firkantet kageform (form). Bages i en forvarmet ovn ved 160°C/325°F/gasmærke 3 i 30 minutter, indtil den er hævet og fjedrende at røre ved.

Smelt chokoladen i en varmefast skål over en gryde med let kogende vand. Tag det af varmen og rør det resterende jordnøddesmør i. Rør grynene i og bland godt, indtil det er overtrukket med chokoladeblandingen. Hæld over kagen og jævn overfladen. Lad det køle af, afkøl derefter og skær i stænger.

Picnic skiver

Gør 12

225 g/8 oz/2 kopper almindelig (halvsød) chokolade

50 g/2 oz/¼ kop smør eller margarine, blødgjort

100 g/4 oz/½ kop strøsukker

1 æg, let pisket

100 g/4 oz/1 kop tørret (revet) kokosnød

50 g/2 oz/1/3 kop sultanas (gyldne rosiner)

50 g/2 oz/¼ kop glacé (kandiserede) kirsebær, hakket

Smelt chokoladen i en varmefast skål over en gryde med let kogende vand. Hæld i bunden af en smurt og foret 30 x 20 cm/12 x 8 i Swiss Roll-form (gelérullepande). Pisk smør eller margarine og sukker sammen til det er lyst og luftigt. Tilsæt gradvist ægget, og bland derefter kokos, sultanas og kirsebær. Fordel over chokoladen og bag i en forvarmet ovn ved 150°C/300°F/gasmærke 3 i 30 minutter, indtil den er gyldenbrun. Lad det køle af, og skær derefter i stænger.

Ananas og kokos barer

Gør 20

1 æg

100 g/4 oz/½ kop caster (superfint) sukker

75 g/3 oz/¾ kop almindeligt (all-purpose) mel

5 ml/1 tsk bagepulver

En knivspids salt

75 ml/5 spsk vand

Til toppingen:

200 g/7 oz/1 lille dåse ananas, drænet og hakket

25 g/1 oz/2 spsk smør eller margarine

50 g/2 oz/¼ kop caster (superfint) sukker

1 æggeblomme

25 g/1 oz/¼ kop tørret (revet) kokosnød

5 ml/1 tsk vaniljeessens (ekstrakt)

Pisk æg og sukker sammen til det er lyst og bleg. Vend mel, bagepulver og salt i skiftevis med vandet. Hæld den i en smurt og meldrysset 18 cm/7 firkantet kageform og bag den i en forvarmet ovn ved 200°C/400°F/gasmærke 6 i 20 minutter, indtil den er hævet og fjedrende at røre ved. Hæld ananasen over den varme kage. Opvarm de resterende ingredienser til topping i en lille gryde ved lav varme, under konstant omrøring, indtil blandingen er godt blandet uden at lade blandingen koge. Hæld ananasen over, og sæt kagen tilbage i ovnen i yderligere 5 minutter, indtil toppingen bliver gyldenbrun. Lad den køle af i formen i 10 minutter, og vend den derefter ud på en rist for at afslutte afkøling, inden den skæres i stænger.

Blommegærkage

Gør 16

15 g/½ oz frisk gær eller 20 ml/4 tsk tørret gær

50 g/2 oz/¼ kop caster (superfint) sukker

150 ml/¼ pt/2/3 kop varm mælk

50 g/2 oz/¼ kop smør eller margarine, smeltet

1 æg

1 æggeblomme

250 g/9 oz/2¼ kopper almindeligt (all-purpose) mel

5 ml/1 tsk fintrevet citronskal

675 g/1½ lb blommer, i kvarte og udstenede (udstenede)

Flormelis (konditor), sigtet, til aftørring

Stødt kanel

Bland gæren med 5 ml/1 tsk af sukkeret og lidt af den varme mælk og lad det stå et lunt sted i 20 minutter, indtil det er skummende. Pisk det resterende sukker og mælk med det smeltede smør eller margarine, æg og æggeblomme. Bland mel og citronskal i en skål og lav en fordybning i midten. Pisk gradvist gærblandingen og æggeblandingen i til en blød dej. Pisk indtil dejen er meget glat og der begynder at danne sig bobler på overfladen. Tryk forsigtigt ned i en smurt og meldrysset 25 cm/10 i firkantet kageform (form). Anret blommerne tæt sammen over toppen af dejen. Dæk med olieret husholdningsfilm (plastfolie) og lad det stå et lunt sted i 1 time, indtil det er dobbelt så stort. Anbring i en forvarmet ovn ved 200°C/400°F/gasmærke 6, sænk derefter straks ovntemperaturen til 190°C/375°F/gasmærke 5 og bag i 45 minutter. Reducer ovntemperaturen igen til 180°C/350°F/gasmærke 4 og bag i yderligere 15 minutter, indtil den er gyldenbrun. Drys kagen med flormelis og kanel, mens den stadig er varm, lad den køle af og skær den i firkanter.

Amerikanske græskarstænger

Gør 20

2 æg

175 g/6 oz/¾ kop strøsukker (superfint).

120 ml/4 fl oz/½ kop olie

225 g/8 oz kogt græskar i tern

100 g/4 oz/1 kop almindeligt (all-purpose) mel

5 ml/1 tsk bagepulver

5 ml/1 tsk stødt kanel

2,5 ml/½ tsk bikarbonatsodavand (bagepulver)

50 g/2 oz/1/3 kop sultanas (gyldne rosiner)

Flødeostglasur

Pisk æggene lyse og luftige, pisk derefter sukker og olie i og rør græskarret i. Pisk mel, bagepulver, kanel og sodavand i, indtil det er godt blandet. Rør sultanerne i. Hæld blandingen i en smurt og meldrysset 30 x 20 cm/12 x 8 i Swiss Roll-form (gelérulleform) og bag i en forvarmet ovn ved 180°C/350°F/gasmærke 4 i 30 minutter, indtil der er sat et spyd i. i midten kommer rent ud. Lad det køle af, og smør derefter med flødeostglasur og skær i stænger.

Kvæde og mandelbarer

Gør 16

450 g/1 lb kvæder

50 g/2 oz/¼ kop spæk (afkortning)

50 g/2 oz/¼ kop smør eller margarine

100 g/4 oz/1 kop almindeligt (all-purpose) mel

30 ml/2 spsk flormelis (superfint) sukker

Cirka 30 ml/2 spsk vand

Til fyldet:

75 g/3 oz/1/3 kop smør eller margarine, blødgjort

100 g/4 oz/½ kop caster (superfint) sukker

2 æg

Et par dråber mandelessens (ekstrakt)

100 g/4 oz/1 kop malede mandler

25 g/1 oz/¼ kop almindeligt (all-purpose) mel

50 g/2 oz/½ kop mandler i flager

Skræl, udkern og skær kvæderne i tynde skiver. Læg i en gryde og dæk blot med vand. Bring det i kog og lad det simre i cirka 15 minutter, indtil det er blødt. Hæld overskydende vand fra.

Gnid spæk og smør eller margarine ind i melet, indtil blandingen minder om brødkrummer. Rør sukkeret i. Tilsæt lige nok vand til at blive blandet til en blød dej, rul derefter ud på en let meldrysset overflade og beklæd bunden og siderne af en 30 x 20 cm/12 x 8 i Swiss Roll-form (gelérullepande). Prik det hele med en gaffel. Brug en hulske til at arrangere kvæderne over dejen.

Pisk smør eller margarine og sukker sammen, og pisk derefter gradvist æg og mandelessens i. Vend de malede mandler og mel i og hæld kvæderne over. Drys de skårne mandler over toppen og bag dem i en forvarmet ovn ved 180°C/350°F/gasmærke 4 i 45 minutter, indtil de er faste og gyldenbrune. Skær i firkanter, når de er afkølede.

Rosin barer

Gør 12

175 g/6 oz/1 kop rosiner

250 ml/8 fl oz/1 kop vand

75 ml/5 spsk olie

225 g/8 oz/1 kop caster (superfint) sukker

1 æg, let pisket

200 g/7 oz/1¾ kopper almindeligt (all-purpose) mel

1,5 ml/¼ tsk salt

5 ml/1 tsk bicarbonat sodavand (bagepulver)

5 ml/1 tsk stødt kanel

2,5 ml/½ tsk revet muskatnød

2,5 ml/½ tsk stødt allehånde

En knivspids malet nelliker

50 g/2 oz/½ kop chokoladechips

50 g/2 oz/½ kop valnødder, hakket

30 ml/2 spsk flormelis (konditor-)sukker, sigtet

Bring rosinerne og vand i kog, tilsæt derefter olien, tag af varmen og lad det køle lidt af. Rør flormelis og æg i. Bland mel, salt, bikarbonat af sodavand og krydderier sammen. Blend med rosinblandingen, og rør derefter chokoladechips og valnødder i. Hæld i en smurt 30 cm/12 firkantet kageform og bag i en forvarmet ovn ved 190°C/375°F/gasmærke 5 i 25 minutter, indtil kagen begynder at krympe væk fra formens sider. Lad det køle af, før det drysses med flormelis og skæres i stænger.

Hindbærhavrefirkanter

Gør 12

175 g/6 oz/¾ kop smør eller margarine

225 g/8 oz/2 kopper selvhævende (selvhævende) mel

5 ml/1 tsk salt

175 g/6 oz/1½ kopper havregryn

175 g/6 oz/¾ kop strøsukker (superfint).

300 g/11 oz/1 medium dåse hindbær, drænet

Gnid smørret eller margarinen ind i mel og salt, og rør derefter havre og sukker i. Tryk halvdelen af blandingen i en smurt 25 cm/10 i firkantet bageform (pande). Fordel hindbærene over toppen og dæk med den resterende blanding, tryk godt ned. Bages i en forvarmet ovn ved 200°C/400°F/gasmærke 6 i 20 minutter. Lad den køle lidt af i formen, inden den skæres i firkanter.

www.ingramcontent.com/pod-product-compliance
Lightning Source LLC
Chambersburg PA
CBHW070419120526
44590CB00014B/1463